ゆめの はいたつにん

教来石 小織

センジュ出版

ゆめの はいたつにん

もくじ

第4章 スタンドバイミー

第5章 ボレロ

はじめに

私たちが今行っている活動は、とてもシンプルです。カンボジア農村部での移動映画館。発電機やスクリーン、プロジェクターにスピーカーを持ち込んで、学校の教室や村の広場を即席の映画館に変えると、たくさんの子どもたちが観に来てくれます。上映する作品は、権利許諾を得た日本のアニメーション。これをカンボジア人のプロの声優さんご協力のもと、現地の言葉であるクメール語吹替え版をつくって上映しています。上映の前後には、音楽家の映画であれば音楽の、サッカーの映画であればサッカーのワークショップも行います。

映画を届ける人のことを、私たちは「映画配達人」と呼んでいます。今日もカンボジアではカンボジア人の映画配達人たちが、子どもたちに映画を届けています。

私たちのＮＰＯのミッションは、「生まれ育った環境に関係なく、子どもたちが夢を持ち人生を切り拓《ひら》ける世界をつくる」です。カンボジアの農村部の子どもたちに将来の夢を聞くと、「先生」や「医師」と答える子がほとんどです。「わからない」「仕事に就きたい」「大人になりたい」と言う子もいます。夢を持たなくてはいけないわけではありませんが、日本の子どもたちに比べて選択肢が少ないように感じました。その理由を、「そもそもいろんな職業、さまざまな道があることを知らないから、身近な大人の姿からでしか将来の姿を想像することができないのではないか」と考えました。さまざまな世界を見せてくれる映画が、子どもたちの世界や未来を広げるきっかけになればと思っています。

恵まれない地域にワクチンや食糧を届けることは誰が見ても正しいことですが、映画を届ける活動は、正しいかどうか恐らく誰にもわかりません。

結果がわかるのは10年後、20年後になるかと思います。それぞれの村、それぞれの子ども、置かれている状況は皆それぞれ異なります。ある子どもにとって映画は夢のきっかけを与えてくれるものになるかもしれません。ある子どもにとっては60

分の非日常体験で終わるかもしれません。ある子どもにとっては知らないほうがよかった世界を見せてしまうものになるかもしれません。そのため、今もまだ悩みながら進んでいますが、「ワクチンや食糧は生きるための手段。本や映画は生きる目的を与えてくれる」という、尊敬する方の言葉が一つの支えにもなっています。

映画を届けるこの活動を、私たちは「夢の種まき」と呼んでいます。

食い入るようにスクリーンを見つめ、ワクワク、ハラハラ、大笑い、涙と変わっていく子どもたちの純真な表情を見ていると、彼ら一人ひとりの夢の花が咲く日が訪れることを願ってやまないのです。

初めてお会いする方から、「この活動の代表の方はバリバリのキャリアウーマンだと思っていました」「ガンガン物事を進める強女だと想像していました」と言っていただくことがあります。

私は強女でもキャリアウーマンでもなく、万年派遣社員の事務員でした。高校時代の成績はビリから3番で、TOEICは330点。勉強して半年後に再挑戦したら335点。未だに英語も話せず、ネガティブで、声も小さく、お金もなく、もちろん権力もなく、特別な才能もスキルもなく、運動音痴で、猫背でガニ股です。「おどおどしている」「挙動不審」ともよく言われます。映画監督、脚本家、さまざまな夢を見ては諦めたり挫折《ざせつ》したりしてきました。国際協力にも社会貢献にも興味はありませんでした。

そんな私がなぜ、今の活動にたどり着き、多くの助けを得ながら続けて広げてくることができたのか。その問いに自身で答える気持ちで本書を書き上げました。

この本を読んでくださった方の中に一人でも、「こんな人でも夢を叶《かな》えられたのだから、自分もやりたいことに向かって一歩踏み出してみよう」と思ってくださる方が現れたなら、この本を出版させていただく恐縮さを押しのけて、飛び上がって喜ぶことでしょう（ジャンプ力はないですが）。

第1章

ライフ・イズ・ビューティフル

幸福な子ども

「人生は幸福と不幸が半々で訪れるんだって。どうしよう。私今ずっと幸せだから、大人になったら不幸なことが起こるんだ」

子どもながらにそんなセリフが出てくるくらい、私はずいぶんと幸福な子どもでした。父も母も、家庭に恵まれていたとは言い難い境遇で育ち、だからこそ「温かい家庭を築く」ことが二人の夢で、それを実現することに努力を惜しみませんでした。両親の夢が叶《かな》った形が私の生まれ育った家庭で、過保護だと言っても過言ではないほどに、とても大切に育ててもらいました。

夜寝る前には、母が必ず絵本を読んでくれました。本棚には１００冊ほど絵本が並んでおり、その中から好きな絵本を選んでベッドに入るのです。絵本を読み終わると母が子守唄《こもりうた》を歌ってくれて、スヤスヤと眠りにつきました。

子ども心に「私は両親にしっかり守られている」「ここは安心で安全だ」と感じていました。あまりにも平和だったので、人生に退屈ささえ感じるほどでした。自分で文字を読めるようになると、倉庫にある世界童話全集や日本の民話など物語の世界に没頭しました。

新しい物語を知ることができるアイテムの中で、いちばん好きだったものは、映画です。

両親と父方の祖母、7つ離れた弟の5人家族。家族そろって車に乗って、ららぽーと（千葉県船橋市にある総合商業施設）まで映画を観に行くのは幸せな時間でした。映画の帰りに買って食べるクレープも美味《おい》しかった。映画を観るということは、家族との時間そのものでもあったように思います。

映画館だけでなく、リビングのテレビでも映画を観ました。チャップリンの『街の灯』のボクシングシーンを観たとき、よく笑う母はもちろんのこと、あまり笑わない父も笑っているのを見て、チャップリンが大好きになりました。

父はあまり笑わないくせに、人を笑わせることには長《た》けていました。父はよく、「人は泣かせるよりも笑わせるほうが難しいんだ」と言っていました。

笑いに厳しい父を笑わせてしまう、喜劇王チャップリンはさすがです。チャップリンの名言、「人生はクローズアップで見ると悲劇だが、ロングショットで見ると喜劇だ」は、私の座右の銘でもあります。そのとき自分ではどんなに悲しく苦しく辛《つら》いと思っていても、別の視点で見ればそんな自分が滑稽だったりするのです。

みんなで観る映画も好きでしたが、一人で観る映画も好きでした。家には絵本と同じように、映画のビデオテープがズラリと並んでいました。オカッパ頭でガニ股の子どもだった私は、コレクションの中から気分に合わせて1本を選ぶと、ビデオデッキに入れ、一人で再生して観ていました。

今でも覚えているのは、ディズニーやスタジオジブリのシリーズ、『ニルスのふしぎな旅』、『グーニーズ』や『グレムリン』、『ネバーエンディング・ストーリー』、『オズの魔法使い』、『ごん狐』、『どん松五郎の冒険』、『エイリアン』、『ターミネーター』、『E.T.』、『バック・トゥ・ザ・フューチャー』などなど、挙げればきりがありません。そして映画を観るたびに感化され、「犬が飼いたい」、「宝探しに行きたい」「宇宙には怖いから行きたくない」などと言っていました。

もう少し大きくなると、『ダイ・ハード』を観て刑事になりたいと思ったり、007シリーズを観て、スパイになるために勉強しようと思ったり、お医者さんや弁護士や検事にも憧れるようになりました。


小学6年生になった私は、将来の選択肢があまりに多く、いろんなものになりたい自分に困るようになりました。同時に、ザ・映画監督なスピルバーグ監督に強い憧れを抱いていました。映画監督になったら、いろんな職業の話を撮ることができるから、いろんな職業のことを知ることができて楽しいかもと思いました。それに、もしも私がお医者さんになったら目の前の人しか救えないけれど、お医者さんの映画を撮って、それを観た人たちがお医者さんになったら、間接的にもっとたくさんの人を救えるのでは？

私も映画で夢を贈る側になりたい！

平和で退屈な毎日の中で、小学生の私は、そんな大それたことを考えていました。

その頃から、多くの人に影響を与えることができる映画の可能性を感じていたのかもしれません。よし、将来は映画監督になろうと、大学は映画を勉強できる日本大学芸術学部映画学科監督コースに進みました。

しかしながら、映画をつくりたいと言っているくせに私は団体行動が大の苦手だったのです。大学3年生のとき、チームになって映画作品をつくる課題があったのですが、なんとか回避して一人で課題を終わらせる方法はないかと考えていたほどでした。

ある日テレビを観ていたら、マサイ族の子どもたちに、紙切り芸人のおじさんが紙切り芸を見せる番組が放送されていました。

一枚の紙がチョキチョキ切られ、動物や綺麗《きれい》な模様を誕生させていく紙切り芸人のおじさん。初めてのものを見るマサイ族の子どもたちの輝く顔に釘付けになりました。そして思いました。

「私もマサイ族の子どもたちにこんな顔をさせたい！」

翌日、教授に「3年生の課題、一人でケニアに行ってドキュメンタリー作品をつくりたいんですけど」と言いに行っていました。今考えると、「初めてのものを見る途上国の子どもの顔」に、私は大きく突き動かされる人なのかもしれません。

小さな手の温もり

2001年。インディ・ジョーンズみたいな帽子をかぶり、大きなバックパックとスーツケースを引っ提げて、初めての一人旅。ケニアの村にホームステイ。鞄《かばん》の中には、ビデオカメラと、そして東急ハンズで買ったマジックグッズ。ドキュメンタリーを撮るだけでなく、紙切り芸人のおじさんのように、子どもたちを驚かせることをしたかったのです。

ちなみに当時（今も）英語は話せず、付け焼刃のスワヒリ語が少しだけ話せる状態。少しだけというのは謙遜《けんそん》ではなく、「ジャンボ（こんにちは）」「アサンテサーナ（ありがとうございます）」「ハバリガニ？（お元気ですか？）」など本当に少しでした。とても会話が成り立つとは言えません。

でも、「いつか英語を覚えてから行こう」「そのうちスワヒリ語をマスターしてから行こう」「貯金に余裕ができてから行こう」と先延ばしにしていたら、きっと行かなかった気がします。まず周りに「行く」と宣言してしまうことで自分を追い込み、勢いで行ったのがよかったのかもしれません。

ケニアの村に滞在中、印象的だった出来事があります。いちばん仲良くなったパウロはじめ、村の子どもたちにマジックを披露したところ、下手過ぎてウケず。でもビデオカメラは大ウケでした。自分たちが映った映像を見ると、キャッキャと喜ぶのです。電気のない村だったので、バッテリーが全部切れたら課題のドキュメンタリーが撮れなくなるとヒヤヒヤしながら子どもたちと撮影して遊んでいました。

ふと、子どもたちが将来の夢を話している映像を撮りたいと思いました。ケニアの子どもたち一人ひとりが画面いっぱいに「パン屋さん」「消防士」「宇宙飛行士」「お花屋さん」など、それぞれの夢を語るのを順番に映していったら、アフリカの子どもたちもたくさんの夢を持っているのだなと、胸に迫るドキュメンタリーになるに違いありません（と思っていました）。

パウロはじめ子どもたちにビデオカメラを向けると、英語で「将来の夢は何ですか？」と訊《き》いてみました。「次々と夢を口にする子どもたちの図」の予想に反し、子どもたちはきょとんとして答えませんでした。

「大人になったら何になりたい？　たとえば……パイロットとか？」と訊き直すと、パウロが顔を輝かせて「パイロット」と言いました。「ああ、そうなんだ。たまたま私パイロットって言ったけど、パウロはパイロットになりたかったんだね」

「うん。僕はパイロットになりたい」

続けて隣の子も真似《まね》してパイロットと言い出して、気づけばパイロットの大合唱になってしまいました。違う。もっとそれぞれいろんな夢を言っている画が撮りたいのに……。そうか、ケニアの子どもはみんなパイロットになりたいものなのか。

パウロは手をつないで帰るときも、お気に入りのフレーズのように「アイワナビーアパイロット」と繰り返していました。

そのときはいろんな夢を言っている映像が撮れなくて残念としか思っていなかったのですが、後ではたと思いました。「パイロット」って、私が言ったから真似しただけかもしれない。その真偽のほどはわかりませんが、それから約10年後にカンボジアを訪れて、いろんな村で子どもたちに夢を訊きました。ほとんどの子が「先生」か「医者」と答えていました。「わからない」「仕事に就きたい」という答えも多くありました。別の方に聞いた話では、「大人になるまで生きること」と答える子もいたそうです。

そういえば、将来の夢ってどうやって見るんだっけ。私は映画の登場人物の姿を見てたくさんの夢を思い描いてきたけれど、あの村には映画館もないし、テレビもなかった。

知らない世界のことは、たとえ夢であっても思い描くことなんてできないのかもしれない。

ケニアから帰国後、『マジェスティック』という映画を観ました。戦争で傷ついた街に映画館が復興することで、街の人たちが元気になっていくお話です。相変わらず影響を受けやすい私は、「私も映画館をつくりたい！」と思いました。

そうだ。もしもパウロが住んでいる村に映画館があったら、あの子たちはどんな夢を思い描くのだろう。「私、いつか途上国に映画館をつくる」と、大学の友人に話しては、「はいはい」とあしらわれていたのでした。

当時、「途上国に映画館をつくる夢」に向かって一歩も踏み出すことはありませんでした。「いつかお金持ちになったら」と、夢の前に「いつか」がついていたからかもしれません。

グッバイ・ドリーム

大学時代に映画監督の夢に挫折。卒業後は脚本家を目指しながら、派遣の事務員になっていました。派遣の仕事、脚本コンクールへの応募、ときどき先輩からもらえるテレビドラマの企画の仕事をこなしているつもりでいましたが、振り返ればどれもこれも中途半端だったと思います。なんとなく脚本家の夢を追いながら、コンクールに応募しては落ちるということを繰り返していました。

そして、間もなく31歳になろうとしていた２０１２年のある日、同棲《どうせい》していた彼から、

「さおりんとは結婚する気はないよ」

と、フラれてしまいます。さらに、

「さおりんのことずっと見てきたけど、脚本家の夢に向かって本気で努力してるように見えないよ。脚本家なんてひと握りの人しかできない仕事なのに、はっきり言って今のさおりんがなれるとは思えない。才能があるとも思えない」

とも言われてしまい、ズシンと来ました。彼の言うことはもっともでした。返す言葉も見つかりませんでした。死ぬ気になって魂をかけて脚本を書いていたかと聞かれたら、答えはノーでした。

中川淳一郎さんの『夢、死ね！　若者を殺す「自己実現」という嘘《うそ》』という著書の中で、野球やサッカーなどスポーツ選手になる夢は、自分より圧倒的に強いチームメイトを見て、自分はプロにはなれないと悟れるので、諦めも潔い。でも小説や漫才や音楽には正解がないから、希望を捨てきれず諦めがつかず、ズルズルと続ける人が多い、というようなことが書かれていました。私もまさにそうで、10年近く、ただ諦めることさえ怠けて、惰性的に夢を追っていたのでした。脚本を書くために派遣社員でいるというのも単なる言い訳で、本気になればどんな状況でも書けたはずです。私はこのとき、夢を諦めました。

失恋して夢を諦めてから1カ月ほどして、いつでも泣き出せそうな日々を送っていたある日、サックス奏者になる夢に向かって頑張っている知人の女の子のコンサートに行きました。都内のカレー屋さんを貸し切ったアットホームな会場です。リラックスすることを忘れていた私の心に、美しい名曲たちが温かく染み入ってきました。そして、映画『ニュー・シネマ・パラダイス』の曲が演奏されたとき、気づいたら私はその場でボロボロと泣いていたのです。

私は夢を諦めたけど、夢に向かって頑張っているあの子は輝いている。

私は今まで何をやっていたんだろう。夢があっても私はちっとも頑張っていなかった。あの子は音楽を奏でることで、こんなにも人を感動させてくれるけど、私が脚本家になりたかったのは、脚本家が儲《もう》かりそうだったからで、脚本家大賞を取って、みんなからすごいって言われたかったから。すべて自分の幸せだけを考えた、自分のためだけの夢だった。自分の幸せだけを求めたら、私の先には不幸しかない気がする。

もう嫌だ。私はもう、自分以外の誰かのために生きたい――。

正確には、どのような思考回路だったかわからないのですが、恐ろしく強い気持ちで、ハッキリと、「誰かのために生きたい」と思ったのは覚えています。

誰かの夢を応援する

私は夢を諦めたからこそ、夢に向かって頑張っているあの子みたいな子を、自分のできる形で応援するのはどうだろう？　世界中のみんなが夢を実現できたらいいのに。コンサートの帰り道、そんなことを考えました。

夢を叶《かな》える、それすなわち自己実現。「マズローの欲求5段階説」でも、自己実現欲求はピラミッドの頂点です。食べたい、寝たいなど生きていくための基本的で本能的な「生理的欲求」がピラミッドのいちばん下で、それが満たされたら、次は雨風をしのぐ家や危機を回避できる安全な暮らしを求める「安全欲求」。その次が集団に属したり、仲間が欲しくなったりする「社会的欲求」。次に他者から認められたい、尊敬されたいという「承認欲求」があり、最後に来るのが、「自己実現欲求」です。もし世界から戦争や飢餓がなくなっても、最後に残るこの欲求が人の心からなくなることはないでしょう。

それから私は、身近で夢を追っている人たちに声をかけ始めました。

読者モデルとして頑張り始めた可愛い友人ジュリーヌのブログデザインを手伝ったり、ＬＧＢＴアクティビストとして活動されている、幼なじみのお姉さん、ひろこさんとパートナーの小雪さんの出版のお手伝いをしてみたり。自分のできることで夢を応援することが楽しくなっている私がいました。自分には今夢がないので、応援している人の夢が少しでも進むと、自分のことのように嬉しいのです。誰かの夢を応援するのはなんだかお得感満載だと思いました。

その後しばらくして、「誰かの夢を応援すると、自分の夢が前進する」という言葉に出会います。

「もしかして、もしかして、私のカンボジアでの映画館プロジェクトを多くの方に応援してもらえるのは、あの頃本気で誰かの夢を応援していたから……？」とハッとしたりするのですが、当時の私はそんなこと知る由もなかったのでした。

もしも明日死んだら

同棲相手にフラれてから1カ月もしないうちに、私は子宮頸癌《けいがん》の検診結果を受け取ります。そこには結果が芳しくないため、精密検査が必要という旨が書かれていました。

「癌……？」

思い込みが激しい私は、（最近急激に痩せたし、なんだかいつも気持ちが悪い。これは癌の症状に違いない……）と、目の前が真っ暗になりました。

精密検査の結果が出るまで怖くて怖くて。何度も自分が死ぬことを想像して悲観的に。いやいや、さすがに死ぬことはないだろう。そして思いました。

自分の子どもが産めないのなら、世界中の子どものために何かしたい――。

死ぬ前に世界中の子どもたちに、私は何が残せるだろう――。

アイスクリームのように溶けてなくなってしまうものではなく、壊れてしまうものではなく、細胞レベルまで染み渡って、子どもたちの生きる力になるようなもののを残せないだろうか。私の残りの人生すべて、自分以外の人のために捧《ささ》げたい。検査結果が出るまで死に怯《おび》えていた私は、そんなことをグルグル考えるようになったのです。

精密検査の結果は、幸いなことに癌ではなく、癌細胞になるかもしれない細胞があるので3カ月ごとに定期検診をして経過観察していくということでした。免疫力があれば自然に消えるし、ストレスが溜《た》まる生活をしていたら癌になるかもしれないとのこと。3カ月ごとに検診するので、癌になるにしても早期発見で手術でき、子どもができなくなることはないとのことでした。今もまだ定期的に検診中ですが、きっと大丈夫だと信じています。

もし大丈夫じゃなかったとして、以前の私なら人生に失望していたことでしょう。でも今では「人生何事もなるようになる」、と思えるようになりました。カンボジアの子どもたちに映画を届け始めてから、「自分の子どもを持つ」ことへの異様なまでの執着が消えていったからです。

本書では割愛していますが、あの頃の自分はあまりにも醜く、浅はかで、滑稽でした。タイムマシンがあったなら、執着を捨てると楽になって、見えてくることがたくさんあるよと、あの頃の、悲劇のヒロインぶっていた自分を諭しに行きたい。でも、あの時期がなければ、私はカンボジアに行くことはなかったのだと思います。

好きな人に好かれるために１８０度自分を変えなくては、と自分のすべてを否定していた時期もあったのですが、今は自分を反省することはあっても、否定することはなくなりました。

鈍い私は、さまざまな過ちを犯したり、死を意識したりすることがなければ、気づくことができなかったのかもしれません。

人生は美しいものだということに。

第2章

はじまりのうた

天啓

カンボジアに映画館をつくりたい――。

2012年夏のことでした。都内のオフィスで派遣社員の事務仕事をしていた私に、突然そんな言葉が舞い降りてきたのです。

エクセルにデータ入力をしながら、「夢のある人は自分のできることで具体的に応援していくとして、では夢のない人はどうしよう。そういう人には夢のきっかけを与えられるといいのかもしれない。たとえば途上国の子どもとか……」と考えていたときに、ふっと降ってきたのが「カンボジアに映画館をつくりたい」でした。奇《く》しくも10年前に「途上国に映画館をつくる」と言っていたことを思い出すのは、それからしばらく経《た》ってからのことでした。

カンボジアに行ったこともないくせに、なぜカンボジアなんだろう。自分でもわかりませんでしたが、恐らく「可哀想《かわいそう》な国＝カンボジア」の先入観があったからかもしれません。映画館をつくるなら一人ではできないだろうから、仲間が必要になるだろう。そうなったらケニアは遠いからいっしょにやってくれる人は出てこないかもしれないと、ケニアは弾かれたのかもしれません。

羽生善治さんが『直感力』という本の中で、直感は、「くじのような運的なもの」ではなく、「今まで経験したことや学んだこと、身につけたこと、体感してきたことを瞬時に判断したプロセス」だとおっしゃっていますが、その意味で言うと、「カンボジアに映画館をつくりたい」は直感で舞い降りてきたような気もします。

さて、「カンボジアに映画館をつくりたい」という新しい夢が降ってきた瞬間から、私の人生は変わり始めます。そして雪だるまのようにだんだんと、この夢に巻き込まれてしまう方が増え（ごめんなさい）、大きな夢になっていく様を体感します。

同じ夢でも、脚本家を目指していたときと違うことがあるように感じています。

たとえば脚本家の夢は、自分しか幸せにしない夢だったということです。小学生で映画監督を目指したときは、確かに世の中にいい影響を与える映画をつくりたいと思っていました。でも大学に入って卒業制作を撮ったときに私が考えていたのは、「この映画で誰かを幸せにしたい」ではなく、「こう撮ったら教授からの評価が高いかも」ということでした。夢を脚本家に転向してからも、「こうしたらコンクールに通るかも」「脚本家で成功してお金持ちになりたい！」という下心ばかりあったように思います。

それから、後日知人に勧められて読んだ『あなたには夢がある　小さなアトリエから始まったスラム街の奇跡』（ビル・ストリックランド著）という本に、こんなことが書いてありました。

「夢とは、人生をかけて築き上げたいと願うもの」

私はカンボジアはじめ途上国の子どもたちに映画を届ける世界を、一生かけて築き上げたいと願っています。飽きっぽい性格なのですが、不思議なことに夢が降ってきたあの日からその思いが変わった日は一日だってないのです。もしかしたら、30歳を過ぎてやっと、私は本当の夢に出会えたのかもしれません。

また同著には、こうも書かれていました。

「いい人生とは、期待して待つようなものではない。いい人生とは、自分の夢を土台にして、一瞬ずつ築いていくものだ」

あの日仕事中に舞い降りてきた私の夢は、その後確かに、私自身が築き上げてゆく、人生の土台になっていくのでした。

〝裸のリーダー〟になった日

さて、何かを思いついてからスタートダッシュまでが比較的早い私ですが、「カンボジアに映画館をつくりたい！」の後の動きは、特に早かったように思います。

まず何をしたかというと、カンボジアに行ったことがないからカンボジア経験者から話を聞こうと思い、カンボジアに行ったことのありそうな人に片っ端から連絡したのです。

その中に、コースケ君がいました。コースケ君は、社会人勉強会で会った3歳年下の男の子。ひょろ長くて、ITの会社に勤めていて、よくバックパックを背負って海外に行っていました。彼ならカンボジアにも行ったことがあるかもしれません。コースケ君に〈カンボジアに行ったことありますか?〉とLINEで訊いてみると、〈カンボジアはありません〉と返ってきました。

後日、社会人勉強会のミーティングでコースケ君に会います。新宿のデパートにある中華料理店で、皆とご飯を食べながらのミーティングでした。

八宝菜のうずらの卵を食べているとき、目の前に、スッと紙ナプキンが差し出されたのです。綺麗とは言い難い字で、何か書いてありました。

〈カンボジアってなんすか？〉

紙ナプキンの手紙の主は、コースケ君でした。ミーティング中なので筆談なのでしょう。そういえば、ＬＩＮＥで返事をもらったあと、なんの返事も説明もしていませんでした。八宝菜をもぐもぐとしながら、こちらも綺麗とは言い難い字で返信を書きました。

〈行きたいのです。カンボジアの映画館がない町に映画館をつくりたいのです。下見なのです。夢なのです〉

するとコースケ君は「ほう」という顔をした後、小声で言いました。

「いい夢持ってるじゃないですか」

子どもの頃から数々の夢を見てきたけれど、いい夢と言われたのは初めてでした。コースケ君がいっしょにやってくれたら実現できるかもしれない。あとから知るのですが、このときコースケ君の夢は、「夢のある人を応援すること」だったのです。

数日後、コースケ君と原宿のタイ料理店で会い、なぜ映画館をつくりたいのか、夢を具体的に応援するとか、夢のきっかけとか、自己実現とか、いろいろなことを羅列して語ったのでした。そのときは、カンボジアの映画館の状況を調べるため、どこに建てたらいいかを見るために、とりあえずはカンボジアという国に行ってみたいと思っていました。

するとコースケ君は言いました。

「カンボジアに下見に行くなら、最初からもう上映してきちゃえばいいじゃないですか」

「え？」

「こうやってプロジェクターと、スクリーン持って」

何言ってるんだ、この人。初めてのカンボジアでそんなことできるわけないだろうと思いましたが、ここで怖気《おじけ》づいたら、コースケ君に決意が伝わらないかもしれません。なので答えていました。

「それいいね。そうしよう」

大規模な世界的講演会、TED Conference の中に、「社会運動はどうやって起こすか」というデレク・シヴァーズさんのプレゼンテーションがあります。その中で紹介されるのが、「裸の男とリーダーシップ」という映像。フェスティバルで裸で踊っている男が一人。彼は周りから変な男としか思われておらず、みんなに笑われています。そこにもう一人、裸になった男が入ってきていっしょに踊り出します。そこから3人、4人と増えていき、3分経《た》った頃には広場の皆が踊り出し、最終的には「踊らないほうがかっこ悪い」と思われるようなムーブメントになるのです。

最初に裸で踊っていた男はただの変な男でした。そこに最初のフォロワーがやってきていっしょに踊り出したことにより、結果的に変な男はリーダーになるのです。

この映像をもとに考えると、コミュニケーションが苦手で、仲間やチームとは無縁だった私が、やがてリーダーと呼ばれるようになっていくのは（ある方のブログに「ヘタレキャラのリーダー」と書かれていました）、コースケ君が最初のフォロワーになってくれたことが大きかったのだと思います。コースケ君がいなければ、カンボジアに行ったこともないくせに「カンボジアに映画館をつくりたい」と言い出した私は、ただの変な女に過ぎなかったでしょう。実際友人たちは引いていましたし。

「カンボジアで上映するのはいいんですけど、そうしたら私一人では行けないと思うんです」

「なんでですか?」

「上映準備をする人と、その写真を撮る人、動画を撮る人がいるからです。この活動を世の中に発信するのなら、写真と動画は必要です。だから、いっしょにカンボジアに来てもらえませんか?」

よく最初から写真とか動画とか撮ろうと思ったね、と言われたことがあって、そういえば、と思いました。上映しに行くのが目的なのだから、よく考えたらその様子を写真や動画に残すことは必須ではないのです。でも今後賛同者を集めるためには、最初の上映の写真と動画はやがて必要になってくるだろうと感じていました。

コースケ君はまた「ほう」という顔をして、

「いいですけど。僕何もしないですからね。こうやってビデオ回してるだけなんで」

と、来てくれることになったのです。

「最初は全部、一人でやったほうがいいと思いますよ」

とコースケ君は意味深に言いました。

「もちろんです。誰にも迷惑はかけません」

と言いながら、その後私はコースケ君はじめ多くの人に多大なる迷惑をかける何もできない代表になっていくのでした。

今では誰も信じないと思うのですが、最初の頃はコースケ君のアドバイス通り、一人でいろいろやっていた時期もあったのです。一人でカンボジアの映画のことを調べたり、上映のやり方を調べたり、上映できる場所を探して駆け回っていた時代がありました。

一人でやっていた時期があることで、「一人ではできない」ことを実感すると同時に、「一人になってもやり続けよう」と思えるようになった気がします。

ちなみに、カンボジアで上映するまでにいろいろなことをしなくてはいけない中、私がいちばん最初にしたことは、その場で行く日程を決定し、飛行機のチケットを買って逃げ場をなくし、自分を追い詰めることでした。チケットの行き先は、アンコールワットに近いシェムリアップ空港です。

これが仲間というものか

もともとは弟分のように先輩の言うことは何でも聞いてくれる存在だったはずのコースケ君ですが、いつからか、東川篤哉さんの小説『謎解きはディナーのあとで』の執事が「失礼ですが、お嬢様はアホでいらっしゃいますか?」と、敬語で毒舌を吐くような存在になっていました。そして、

「何かいい団体名つけてください」

「ロゴとかあるといいですね」

「Facebookページの〝いいね!〟数をカンボジア出発までに150集めてくだ

さい」

など、指令を出してくるようになりました。指令に応《こた》えられないと本気さを疑われてカンボジアにいっしょに来てもらえなくなったら困る、コースケ君の命令は絶対、と私は必死でした。

〈何かいい団体名つけてください〉

「ひと目で何やってるかわかる団体名にしてください」とコースケ君。

ひと目で何をやってるかわかる名前……。

カンボジア行きを決めてから、カンボジアが舞台の話だったり、ロケ地がカンボジアだったりと、カンボジアに関連する映画を観ていました。『キリング・フィールド』、『トゥームレイダー』、『トゥー・ブラザー』など。その中に、『僕たちは世界を変えることができない』という映画がありました。大学生たちがカンボジアに学校をつくる話です。主演の向井理さんが、仲間たちにメールで「カンボジアに学校をつくろう！」と送るシーンがあったのを思い出し、プロジェクト名「カンボジアに映画館をつくろう！」を提案してみたところ、コースケ君も合格を出してくれました。でもそれだと普段呼ぶときは長いので、英語にするとCreate A Theater in Cambodiaになるということで、頭文字を取って団体名は「ＣＡＴｉＣ（キャティック）」になりました。

超多忙な日々を送っている友人デザイナーの時間を、電話で1時間ほど強奪。「カンボジアに映画館をつくりたい」の想いを伝えたり説得したりしていたら、翌日ポンと、「カンボジアに映画館をつくろう！」と書かれた、とてもセンスのいいロゴを送ってきてくれたのでした。

〈Facebookページの〝いいね！〟数をカンボジア出発までに１５０集めてください〉

友達に「〝いいね！〟お願いします」とお願いして回り、政治家のように清き一票を求めていきました。

「その夢、たくさんの人に話すといいですよ」

という命令にも従い、会う人会う人に、「私、カンボジアに映画館をつくりたいと思っていまして。ええ、まだカンボジアに行ったことはないんですけど」と言っては、「あ、はあ、そうですか」と気持ち悪がられていました。

発電機をつくっている某大企業にも、突撃で電話してみました。発電機を貸してもらえたらいいなと思ったのです。電話口のご担当者は突然の電話を完全に不審がり、発電機について訊いているのに、現地への運び方も考えていない私に対し、少々怒ってもいるようでした。

という話をコースケ君にしたら、もっと怒られて落ち込みました。

「何勝手なことしてるんですか？　頭のおかしい団体だと思われたら、もうそこからは二度とご縁をもらえないですよ」

「はい、すみません。もうしません」

執事コースケからの次の指令は、「新宿ゴールデン街のこの店に来い」というものでした。コースケ君が立ち上げた大学生向けのマーケティング講座の後輩が、期間限定で開いている「旅」をテーマにした居酒屋。旅人が集まるとのことで、カンボジアに行ったことがある人に出会えるかもしれないからということで行きました。

そこにいたのが大学生のロイ君でした。マッシュルームカットの茶色い髪、端正な顔立ち、関西弁、オシャレ上級者じゃないと着こなせないファッション。「マジっすか」と笑う今どきの若者。

私は梅酒片手に、長い髪に黄金イカをこぼしながら、いつものようにカンボジアに映画館をつくりたいんだという話をします。

後日、コースケ君から、

「いっしょにカンボジアに行きたいという大学生が現れました」

と連絡をもらいます。ロイ君でした。

ロイ君はその後、コースケ君といっしょにキャティックの創生期を3年にわたり支えてくれる存在になります。その間、大学生だったロイ君は社会人になるなど状況が変わっても支えてくれていました。夢だった起業を目指し、現在は念願の「ファッション」と「ＩＴ」を軸に忙しく仕事しています。

２０１５年12月。団体とあまり関われなくなってきていたロイ君と、渋谷に焼肉を食べに行きました。ロイ君がキャティックから離れるというそんな話をするために会い、お互いそれはわかっているけど、それについては触れず、くだらない話ばかりしました。

「そういえば、なんだかんださおりさんと二人でご飯食べるのって初めてとちゃいます？」

「そうだっけ？　そうかも」

「まあ、仲悪かったですしね」

「いや、悪くないし！」

ロイ君と行ったカンボジアで初めての上映が成功した夜、ゲストハウスの近くの屋台で食べたのも焼肉でした。
「コレ牛ノ肉、焼肉、食ベテ、ビールあるヨ」と客引きするカンボジア人に誘われて食べた肉。（違う……私の知ってる牛肉の味と違う……）と思いながら硬い肉を食べました。目の前では、ロイ君たちが下ネタを話してビールを飲んでいたりして、「ああ、もしかしてこれが、私が今まで無縁だった仲間というものなのか」と思ったことを思い出しました。大学生のロイ君と、30歳を過ぎている私。夢を思い描くことがなければ、出会うことさえなかったのでしょう。コースケ君とロイ君は、私に初めて「仲間がいることのありがたさ」を教えてくれた人たちでした。

渋谷で焼き肉を食べた夜、ロイ君からＬＩＮＥでメッセージが届きます。

〈なんか今日で一区切りかなー、なんて思ったのでご連絡。
３年間、本当にありがとうございました。団体の立ち上げ時期からお手伝いさせてもらって、とても勉強になることがいっぱいで、自分の不甲斐《ふがい》なさを感じる日々でした。でも、それと同時にいろいろあって休学してた自分でもできることがあるんだ、いていいんだって居場所をもらえたのはとても嬉《うれ》しく、あの頃の精神的な回復にはとてもプラスになりました〉

関西弁で笑っていた今どきの若者ロイ君がカンボジア行きを決めたのは悩みを抱えていたからだと、その当時の私はまったく気づくことはありませんでした。ただただ、初めてのカンボジア行きと上映会に期待と不安を膨らませているばかりだったのです。

夢の種

上映するといっても、いったいどこでやったらいいのだろう。道端なのかスラム街なのか。

カンボジアでの上映場所を具体的にイメージするため、カンボジア語教室やカンボジアで学校を建てた方たちが集まるイベントなど、カンボジアと名のつくいたるところに顔を出しました。そんな中、カンボジアで地雷撤廃に向けた活動と、地雷被害者支援をされている大谷賢二さんにお会いしたとき、こんなことを言っていただきました。

「始めるものはなんでもいい。ただ始めたら続けることが大事」

まだ始まってもいないのに「続ける」を意識し始めたのは、このときだった気がします。

カンボジアでの上映候補地に出会うきっかけは、子どもが売られない世界をつくるために活動している「認定NPO法人かものはしプロジェクト」さんの報告会に参加したときでした。懇親会で共同代表の本木恵介さんに「カンボジアで映画館をつくりたいんです。ニーズがあるか確認するために、最初は上映会をしてみたくて。でもどこでやったらいいのか見当がつかなくて」と話してみると、「最初は学校とかがいいんじゃないかな？　日本語学校なら言葉も通じるしどうだろう？」とアドバイスをくださいました。

本木さんは有言実行で、翌日には当時かものはしプロジェクトで現地インターンをしていた学生、齊藤祐輔君とFacebookでつなげてくださったのです。そして齊藤君が、シェムリアップで日本語学校を運営している鬼一二三《おにひふみ》先生とつなげてくださいました。

私は一二三先生にこんな長文メールを送ります（一部抜粋）。

鬼一二三さま

私は、小学生の頃から映画監督を目指し、大学にて映画の魅力を学びました。紆余曲折《うよきょくせつ》を経て、今は都内にて事務員をしておりますが、今でも映画には、人生に夢を与えてくれる力があると信じております。

大学時代に、発展途上国に映画館をつくりたいという夢があったのですが、当時行動に移すことはありませんでした。

ところが30歳を過ぎ、人生の転換期にぶつかりまして。自分と向き合った最後に、「カンボジアに映画館をつくりたい」という想いが湧《わ》いてきたのです。

恥ずかしながらまだカンボジアに行ったこともないので、なぜカンボジアなのかと訊かれても、ちゃんとした答えは用意できておりません。ただ、調べるたびに、やはりカンボジアだと思うのです。

そんな私の母は、本当に何もない田舎町で生まれ育ちました。真面目《まじめ》な学生だった母ですが、唯一していた悪いことが、校則で禁止されている映画館へ通い続けたことでした。映画が好きで好きでたまらなかった母は、退学になったらどうしようと思いながらも映画を観続け、そうして映画からたくさんの夢をもらった母は、必死で勉強し、その後自身の夢を叶《かな》えたそうです。

もしもカンボジアの子どもたちも映画をきっかけに夢を持ってくれたなら、と。

十何年か後、大きくなった子どもが、「僕はあの映画を観て、この職業に就こうと思いました」と笑ってくれる日を勝手に夢見ているのです。将来の夢を設定することで、勉強にもさらに身が入るのではと。

都市部には、映画館もテレビもＤＶＤも多くあると聞きます。

一方で、地方にはまだテレビもない村もあると聞きました。まだ電気のない村の子どもたちも映画を観られるように、大きな映画館ではないけれど、ミニシアターよりもっと小さい映画館をたくさんつくっていければと思っております。

地雷ではなく、夢の種を埋めてゆくイメージで、たくさんの小さな映画館を設置できればと。

しかしながら、私のやりたいことは、かものはしプロジェクト様のように、子どもが売られない世界をつくるという、誰の目から見ても、絶対に必要とされる活動ではありません。

ただ私のエゴだけでやりたいと思ったことなのです。

果たして進めていいものか悩みましたが、まずはやってみて、自分の目で確かめてみようと思いました。
どうなるかはわかりませんが、もしも今回のシェムリアップ訪問時の上映で、自分のやりたいことがカンボジアの子どもたちにとって少しでも意味があると思えたら、帰国後、正式にＮＰＯ登録をし、活動を続けていきたく思っております。

今回、貴校に訪問させていただく私どもの目的ですが、上映の他にもございまして。私どものやりたいこと（電気のない村への映画館設備の設置）に関して、鬼様や生徒様のご意見をお聞かせ願えればと思っております（賛同してくださる方はいるか、また、子どもたちがどんな映画を喜ぶかなどについて相談させていただきたいのです）。

お忙しいところお手数ですが、以下についてお教えいただければ幸いです。

① 上映及びご相談のお時間をいただくことは可能でしょうか？
② もし上映させていただける場合、貴校の生徒様たちがリクエストされる映画

を用意したいと思うのですが、皆様が観たいと思う映画を2、3お教えいただけないでしょうか？

③ 上映する際の言語は何がいいでしょうか？（英語、日本語、クメール語）

④ ホームページで教室のホワイトボードを拝見しましたが、現在も変わらずホワイトボードでしょうか？（変な質問すみません……。スクリーンの代わりになるかの確認です）

なんてまどろっこしいメールでしょう。でも今見ると、このメールにはその後の活動すべての原点が詰まっているように感じました。その後カンボジアで延べ60カ所以上、６０００人以上の子どもたちに映画を届けたあとに読み返すと、この頃から気持ちがぶれていなかったことに驚きます。

いつの頃からか、映画を届ける活動を「夢の種まき」と呼ぶようになったのですが、「夢の種」という言葉は、カンボジアに行く前から自分の中にあったことを知りました。最初は映画館の箱をつくろうと思っていて、そこから村の学校や広場で上映する即席の映画館に変わりはしましたが、ビジョンそのものは変わっていなかったのです。

迷惑な長文をお送りしたにもかかわらず、一二三先生からのご返信はとても温かいものでした。こちらも一部抜粋させていただきます。

カンボジアに映画館をつくろうプロジェクト

教来石小織様

初めまして。ご丁寧なメールをありがとうございました。

メール、感動して読ませていただきました。大変夢のあるプロジェクトで、ぜひお手伝いさせていただければと存じます。

田舎でもスクリーンと発電機持参で映画上映は可能で、芸術の国フランスは文化庁主催で時折移動映画上映会をしております。

私は幼い頃から本も芝居も映画も好きだったので、初めてシェムリアップに参りましたときは何も文化施設のない町に衝撃を受けました。

個人でできることをなんとかやってみようと思い、日本語教室に図書館を併設し、現在5000冊程の蔵書がございます。少ないように見えますが、カンボジアでは大学図書館並みの蔵書です。それから、以前は毎週土曜日の午後に教室でビデオ上映を行っておりました。支援物資でいただいた日本の映画やドラマを同時通訳しながら順番に見せておりましたが、個人の力での継続はなかなか困難で、現在はお休みしております。

私個人的には自然を題材にしたものや恋愛映画が大好きなのですが、カンボジア人には受けません。ストーリー性のあまりない映画が喜ばれます。カンボジアで上映されている映画のほとんどがオカルト・ホラーで、人気のあるテレビ番組は香港のアクションものです。ただ、この度の視聴者は主に日本語学習者となりますので、日本の進んだ技術が紹介されているもの、侍や忍者、科学の不思議などの映画はいかがでしょうか。

ホワイトボードを使用しておりますがスクリーンには狭いので、白い布を垂らして映したらいいかなと思っております。以前当学園でセミナーが行われた際、白い布を垂らしてパワーポイントの映像をプロジェクターで映し出したところ、大きくて見やすいと好評でございました。

一二三先生からいただいたメールも今読み返すと、「移動映画館」「クメール語字幕」「白い布」など、一二三先生のその言葉がその後の私たちの活動に影響を与えていることがわかります。

一二三日本語教室と、もう一つ、シェムリアップ市内から30分ほどの場所にある、日本人の方たちが建てたスロラニュ小学校でも縁あって上映できることになりました。後はもう、行くだけです。

きっとここを、好きになる

〈残念なお知らせがあります。カンボジアに行けなくなりました〉

カンボジア行きまで1カ月を切った頃、コースケ君からメールで悲報が届きました。会社で企画が通ってしまい、同時期に海外出張が入ってしまったとのこと。だいぶ動揺しましたが、代表たるもの常にどーんとしていなくては。

〈企画通っておめでとう！　こちらはなんとかなるので頑張って！〉

と返信したあと、パニックになりました。頼りになるコースケ君が来られない。どうしよう。ロイ君に迷惑をかけないようにしなくては……。


2012年11月初旬、私は同棲相手からついに家を追い出されました（情けない私はフラれた後も家に居候していたのでした）。

追い出されたその日はちょうど、久方ぶりに母校を訪れる日。お世話になった教授たちに、カンボジアでの上映について相談しようと思ったのです。

西武池袋線江古田《えこだ》駅そばにある校舎は改築されてずいぶん変わっていたけれど、大学独特の雰囲気はちっとも変わっていませんでした。何人かの教授から上映につ
いてアドバイスいただいた後会った恩師は、10年近く経《た》つのにあの頃と同じ服装、
同じ空気感で、なんだかホッとしたりして。

「おまえ、誰かわかんなかったよ。小さい目にそんなまつ毛つけて、目ん玉見えないよ」と的確なご指摘をくださる恩師。

恩師は大学受験のときの面接官で、在学中、厳しくも愛情を持って育ててくださった方でした。卒業してからも、ドラマの脚本の仕事を紹介してくださったのですが、
私はそこで大成することができず、ずっと合わせる顔がなかったのです。

「最近どうしてんだ？」

「今日、彼氏に家を追い出されました」

「なんだそりゃ。男関係は最悪ってことか」

と笑う恩師。

「俺、おまえの両親と会ったとき、うちの子は大丈夫ですか？　って訊かれたから、

大丈夫ですって答えたのに、今見たら大丈夫じゃない気がしてきた。ご両親に合わせる顔がないよ」

笑いながら言ったあと、真剣な顔で恩師は訊いてきました。

「書いてるか？　脚本」

「……いえ、書いてないです。今はただの仕事ができない事務員です」

「書けよ。俺はおまえは昔から大丈夫だと思ってんだ。そんなに見る目がないはずはないと思うんだけどな」

脚本家の夢に見切りをつけた私は、申し訳ない気持ちでいっぱいでした。

「俺は書いてないおまえには会いたくない」と、「書け」「書け」と20回くらいおっしゃいました。

「書くのはタダだ」

泣きそうな気持ちを抑えて恩師に挨拶して外に出ると、大学のトイレに駆け込み泣きました。

同棲相手の家を綺麗に引き払い、彼のプロジェクターとスピーカーを（ちゃっかり）お借りして、ケニアに行ったときに買ったバックパックとスーツケースに上映機材を詰め込んで、スクリーンにする予定の私のベッドのシーツも詰め込んで、私はカンボジアへと飛び立ちました。

飛行機の中でぼんやり考えました。その昔、私がまだ言葉も話せない子どもだった頃。私を可愛がってくれていた美しい女性が、命を絶ったことがありました。私のいちばん古い記憶は彼女のお葬式で、花に囲まれ眠り続ける彼女の棺《ひつぎ》を、父に抱きかかえられた小さな私が、コツコツと石で叩《たた》く景色と音でした。大人になってから、彼女が命を絶った原因が恋に破れたからだと知りました。

もしも今、あの美しい女性と話すことができたなら、伝えたいことがあると思いました。彼の人生ではボロ雑巾《ぞうきん》のように捨てられ、忘れ去られていく存在だとしても。彼の人生から消えても、自分の人生からは消えなくてもいいのだと。

映画の主人公はいつも、どん底から這《は》い上がっていくではないですか。人生は生きるに値するものだと教えてくれるではないですか。絶望したときほど、強く自覚しなくてはいけません。自分の人生の主役は、他の誰でもない、自分なのだと。

夜に降り立ったシェムリアップ空港。ふわっと生暖かい空気と花の香りに包まれました。新しい国に行くとき、空港に降り立ったときの空気感は、その国のファーストインプレッションだと感じています。カンボジアの第一印象に、自分でもホッとしました。大丈夫だ、私きっと、ここを好きになる。

初めてのカンボジア。初めての上映会の始まりです。

第3章
セレンディピティ

この景色が見たかった

「さおりさんて……ほんとに英語話せなかったんですね……」

英語が話せるカンボジア人のトゥクトゥクドライバー相手に、日本語とジェスチャーで話していたら、ロイ君に言われました。

「30歳の女性って……もっとこう……ちゃんとしてるかと……」

カンボジアでいっしょに過ごし、私がどれだけデキない女かを知って愕然《がくぜん》としているロイ君と共にトゥクトゥクに乗って、メールでやり取りさせていただいていた鬼一二三先生が運営されている一二三日本語教室へ。トゥクトゥクドライバーさんが「到着したよ」と言います。

「え……ここ学校……？」

とロイ君。そこには私たちの思い描いている学校とは違うものがあったのです。RPGゲームの『ドラゴンクエスト』に出てきそうな、ダンジョンのような神秘的な建物が。

「あ、でも国際日本文化学園って書いてあるし、たぶんここです」

と入っていくと、犬がやってきました。カンボジアの学校には犬がいるのか。やがては牛も普通にいる学校にも行くことになるのですが、最初の頃は犬でびっくりしている私がいました。

少しして現れたのは一二三先生。メールの文章だけでなく、実際にお会いした印象も、凛《りん》として頭が良い、とても素敵な女性だと思いました。

「ここにスクリーンをかけるといいかなと思って」

といろいろ考えてくださっていた一二三先生。

カンボジアの暑さが和らぐ夕方から、吹き抜けになっている広場で上映会です。お話をしているときに、一二三先生の携帯に電話がかかってきました。「はいはい」と日本語で話したあとに、クメール語で何かを説明している一二三先生。電話を切ったあと、

「ここの場所を訊《き》かれたの。皆さんのお仲間かしら？」

と不思議なことをおっしゃいました。

さて、上映準備を……と思ったのですが、家でセッティングの仕方を練習してきたのに、異国の地で機材を開くと、どのコードをどこにつなぐのか、頭が真っ白になりました。佇《たたず》んでいると、写真担当だったロイ君が、

「え？　何してるんですか？」

「何していいかわからなくなった……」

「何やってるんですか、もう。さおりさん、写真のほう撮ってください。僕、上映準備全部やるんで」

と、スクリーン代わりの私のベッドのシーツをぶら下げることから何から全部、ロイ君がテキパキ進めてくれたのです。私は何かをしている振りをして無駄に走り回ったり、下手くそな写真を撮ったり、ぼーっとしたりしていました。

一二三先生が事前に生徒さんたちにお知らせしてくださっていたので、徐々に人が集まってきました。

ぼんやりしていると、ふいにご提案を受けました。

「あなた日本人なんだから、浴衣《ゆかた》着て挨拶《あいさつ》するといいんじゃないかしら」

声の主は、その日偶然いらしていた、一二三先生のお姉様でした。私はロイ君にすべてを任せ、お姉様についていきました。一二三日本語教室では、生徒さんたちに日本の文化を教えるために、浴衣がそろっていました。数ある中からピンクの浴衣を選び、そのまま建物の屋上へ。なんと、屋上には露天風呂があったのです。やっぱり、なんて神秘的で素敵な建物なのでしょう。

汗ビッショリだと浴衣を着にくいということで、お姉様といっしょにシャワーを浴びさせていただく私。終わるとお姉様が浴衣を着つけてくださいました。

浴衣を着て降りていくと、「カンボジアに映画館をつくろう！」の旗を持ったコースケ君の姿が。え？　コースケ君？　来れなくなったはずなのに、なんで？　なんでここにいるの？

仕事の予定が変わって、カンボジアに来れることになったけど黙っていたということを後から知ります。突然現れたコースケ君は私を見ると、

「浴衣でスニーカーってダサくないですか？」

と、自分のはいていたサンダルを脱いで貸してくれました。そしてロイ君のほう

はぷんぷんしています。
「さおりさん、遅いですよ。何やってたんですか？　もう人集まってますよ！　って、なんで浴衣なんですか？」

ロイ君がつくってくれた即席の映画館で、上映会の始まりです。人前に立つのは嫌でしたが、挨拶するのは私の役割でした。学校には、よく冷えたビールとジュースが届いていました。映画をより楽しく観られる飲み物は、友達で読者モデルのジュリーヌからの寄付金で用意できました。突然電車の中でスッと「少しでごめんね。もっと応援できるように頑張る」と封筒に入った寄付金を渡してくれたジュリーヌ。あれがキャティックが初めていただいたご支援でした。

その日来てくださったのは50人ほど。一二三先生がアンコール日本人会の皆様にも呼びかけてくださったおかげで、学校の生徒さんだけでなく、日本人の方たちも来てくださいました。「今日は上映会があると聞いて、仕事を早く終わらせてきた」

というカンボジア人の方もいらっしゃいました。

皆が飲み物を持った頃、浴衣姿の私は前に立ちました。

「皆さん、こんばんは。私たちは、日本から来たキャティックという団体です」

挨拶した後は、クメール語で「チョルモーイ」と言って乾杯です。カンボジアでは、皆が会場を回ってグラスをカチンとして乾杯する習慣があるらしく、カンボジア人の生徒さんたちと、わぁわぁ言いながら乾杯をして回りました。

そして上映。スクリーンに映画が映し出されると、映像に釘付けになる生徒さんたち。後からよく考えたら、シェムリアップ市内に住んでいて日本語を習っている生徒さんたちだから、農村部と違って映画を観たことがある方も多かったかもしれません。

それでも、スクリーンを見つめながらハラハラしたり、ワクワクしたり、笑ったり、真剣になったりと、おそろいで変わってゆく子どもたちの表情を見ていると、今までにない温かい感情が胸の奥底から湧《わ》いてくるのがわかりました。

薄暗闇の中、スクリーンの明かりで照らされる子どもたちの顔。私は、この顔が見たかったのです。初めて映画を観る子どもたちはどんな顔をするのだろう。ずっと妄想の中で恋い焦がれていた光景がそこにありました。

今までの私の人生、こんなにたくさんの人に喜んでもらえたことがあったでしょうか。映画を届けるなんて、現地に必要とされていたわけではないただの私のエゴなので、現地の人が迷惑そうだったらやめようと思っていたけれど、でもこの光景を見たら、感動せずにいられない。この活動を続けたいと思ってしまう。

映画の後半、階段に座って映画を観ているコースケ君の隣に座り、普段の小さい声よりさらに小声で言いました。

「コースケ君、ありがとう」

「何がですか?」

「いや、なんだろう、全部」

「ふーん。なんか映画上映、いい感じじゃないすか?」

カンボジアで初の映画上映会の幸福に浸っていると、映画の途中で、日本人の男性から声をかけられました。

「代表の方はどなたですか？」

「あ、はい、私です」

慌てて立ち上がりました。もしかして、映画上映会をしたことを褒めてもらえるのだろうか。なんて思っていたら、

「なんでこの映画にしたんですか？」

と男性は厳しい顔で訊いてきたのです。

「え……」

映画を選ぶということ

「ほんとに、なんであの映画にしたんですか？」

映画上映が一応成功に終わったその夜、停電が激しいゲストハウスにて、私はコー

スケ君とロイ君から詰問されました。

「え……、だって……日本の忍者の映画がいいかなって……」

どんな映画を上映したらいいんだろうと考えていたとき、いろんな映画が候補に挙がりました。最終的には一二三先生から忍者映画のリクエストをいただいていたことと、カンボジアはホラーが流行《はや》っているから多少グロテスクでもいいかなと思い、私は人がバッタバッタ血を噴いて切られて死んでいくような映画を選んでいたのです。

「あなたが代表ですか？」と訊いてこられた男性は、「子どもにこんなものを観せるなんて」とご立腹されて、お子さんを連れて帰ってしまわれたのでした。

お名前は聞けませんでしたが、あのときにあの方が怒ってくださったから、私はその後、「子どもが観る映画ってどんなものがいいんだろう」と真剣に考えることができるようになったのです。「子どもの心を育《はぐく》む映画」「夢の選択肢が広がる映画」など、子どもにいい影響を与えられるような映画をちゃんと選定していこうと思いました。

そして実は、２０１２年11月のいちばん最初の上映会、私たちは映画の上映権というものをよく知らず、権利元からの上映許諾を得ぬまま上映をしてしまっていたのです。それなのに見切り発車で子どもたちに「次回は来年7月にクメール語字幕版か吹替版をつくって持ってくるね」と約束したので、帰国してから上映権のことを知った私たちは、８カ月以内にきちんと上映権を取った上で、字幕か吹替えをつけなくてはいけないという状況になったのです。

というわけで、帰国後から悩み多きジェットコースター状態になるのですが、カンボジアではただただ、受け入れてもらえた、喜んでもらえたという嬉《うれ》しさで胸がいっぱいでした。

冬の日の覚悟

カンボジアから帰国して2週間後。ロイ君の家でミーティングとコースケ君の誕生日パーティーをすることになりました。

この日大阪からピーマン君も来てくれていました。コースケ君と旅の途中で会ったというピーマン君は、ＮＰＯに詳しい大学生です。今回上映したスロラニュ小学校も、ピーマン君がつないでくれました。いつも大阪にいるので遠隔で応援してくれているのですが、この日は大阪からわざわざ来てくれたのです。けれども、ちゃんとミーティングをしてから誕生会を、と思っていたものの、私が至らず、まったくミーティングになりませんでした。ピーマン君はがっかりした顔をしていました。

気まずい空気のまま、ピーマン君が大阪に帰る時間が来たので、駅まで送ることにしました。駅までの道すがら、リーダーシップを発揮できない私にピーマン君はこんなことを言いました。

「一筋縄ではいかない個性的なメンバーをまとめるの大変だと思いますけど、そんなんで、活動中に人が死んだりしたら責任取れるんですか？」

グサリと来ました。答えられませんでした。答えられないまま、ピーマン君は改札の向こうに消えていきました。

人が死んだら責任を取れるのかについて、私はそれからずっとぐるぐる考えていました。

そして答えが出たのです。ちゃんとした人なら、大切な話は顔を向かい合わせて話すのですが、私は人と会って話すと、頭の回転が追いつかずに、伝えたいことをうまく伝えられません。「長文メール、迷惑なのでやめてください」とコースケ君に怒られながらも、「長文メールを書く女はモテない」というのを雑誌で拝読しながらも、私のコミュニケーションは、いつもメールなのでした。

そのときもやはり、翌日の晩にピーマン君に長いメールを書いていました。一部抜粋します。

〈ピーマン君

昨日はせっかく来てくれたのに、みんなをまとめられない、相変わらずの情けない姿をお見せしてしまい申し訳なかったです。

キャティックのこと、考えることがいっぱいあって、ずっと、ときどき眠れなくなるくらい考えているんだけど。そしてときどき一人で焦るんだけど。

昨日はあれからずっと、人が死んだときに責任が取れるかについて考えてて。

考えたけど、責任は取れないと思った。

人が死んだ責任なんて、誰にも取れないと思った。

もしもこれから先、嬉しいことに人が増えたら。今よりもっと大勢でカンボジアに行くことになったら。事故が起きないよう、事件に巻き込まれないよう、最大限の対策はして、病気になったときの対処法も調べたりして。それでも誰かが死んでしまうこともあるかもしれない。

そうなったら、立ち直れないと思うし、立ち直ってはいけない気もする。

もしいっしょにやってくれる中の誰かがプロジェクトの最中に亡くなったら、私は私の人生を失うと思う。そんなことがないとは言い切れない。

でも考えたけど、それでもやっぱり私は、映画を観られる環境にいない子たちに、映画を届けたいと思うんです。

『僕たちに世界を変えることはできない』じゃないけれど、私にも世界を変えることはもちろん当たり前だけどできないです。

でも映画には、人を変える力が少しだけあると思うんです。それもきっと、いい方向に。……と、信じています。淀川長治さんの名にかけて。

この前カンボジアに行くまで、映画を観てもらいたいなんて私の押しつけが、現地の方にとって迷惑なことだったら、やめようと思ってた。でも、喜んでくれたんです。見知らぬ日本人が映画を上映しに来るというだけで、たくさんの人が来てくれて、会社を休んで来てくれた人もいて。

スクリーンに映画が映し出されたら、みんな顔を上げて映画を観てくれて。

「絶対そこ、音聞こえないよね」って場所から、夢を見るような目で観てくれる方たちもいて。ハラハラドキドキが伝わってくる表情で、笑ったり歓声をあげたりしながら、映画が終わった後に拍手喝采なんか日本ではめったに観られない光景。

私の人生で、あんなにたくさんの人に喜んでもらえたの、たぶん初めてなんです。

子どもたちの将来の夢うんぬんというのはもちろんあるんだけど、今の動機は実は恥ずかしながらもっと単純で、今回観てくれた子たちを、もっと喜ばせたいなという気持ちが大きくて。

そのためにはスクリーンを大きくして、音もいい音で、クメール語の吹替えか字幕をつけて、ゴザじゃなくて首も腰も痛くならないように……って考えたら、ワクワクして眠れなくなるときがあるんです。もちろん今回観てくれた子たちだけじゃなくて、もっとたくさんの子どもたちに。大人たちにも。

……見ての通り自信はないんですが。想いはあるので。そして喜んでもらえることは確実なので。

みんなをまとめられないことで止まったり、それで諦めたりしたら、本末転倒だよねと思いました。〉

一方的に伝えたことで満足して、返事はいらないと書いたのに、ピーマン君は丁寧にお返事をくれました。


〈さおりさん。

先日は偉そうなことを言ってしまって申し訳ありませんでした。

さおりさんの文章を読んでいて、僕も当日行けば良かったとひたすら後悔してます（笑）。現地の子どもたちのキラキラした目、素敵ですよね！


あ、一つさおりさん勘違いしてます。実は僕さおりさんのことすごく尊敬してますよ。皆尊敬してると思いますよ。じゃないと、力なんて貸してないと思います。

さおりさんの誰よりも強い想いって僕持ったことない感情で、どーしてそこまで人のために？　どーしてそんなにももがき這《は》い上がれるのか？　って本当に真似《まね》したい存在なんですが……。

だからこそ、僕らのリーダーであり続けてほしいと思ってこの前は強く言ってしまいました。ホントすみません。

僕は学校を卒業するまでは中心メンバーとしてこのプロジェクトに参加させてもらいたいと思いました。その後は、一支援者でいたいと思います。

それが今僕のできることで、さおりさんや、このプロジェクト、カンボジアの皆のためにもなって、僕の負担にもならない、僕の今いちばんやりたいことだと思いました。

卒業まであとわずかですが、ぐっと夢を前進させましょう。僕がやってきたNPO団体のノウハウを全部この団体におろしていきます。

引き続きよろしくお願い申し上げます。〉

リーダーとしての自覚のようなものを少しだけ植え付けて、「カンボジアに映画館をつくろう！」がスタートした２０１２年は終わりを告げてゆきました。

パンクでロックな夜に

次回2013年7月の上映会に向けて、上映権について調べていた私。いくつかの映画関係の会社にメールや電話で問い合わせをしてみました。メールが返ってくることはなく、電話ではおどおど話すので不気味がられ、「上映したい」と言うと話を聞いてもらえるけれど、場所がカンボジアだというと、あまり前例がないようで、よくわからないか、たらい回しになる状態でした。

そんな中で会ったのが、甲斐秀幸社長です。

最初は、映画『フラガール』の上映権について問い合わせをしてみました。一二三先生の学校に南海キャンディーズのしずちゃんが訪れていたことから、しずちゃんの出演している『フラガール』が喜ばれるのでは、とのことで、『フラガール』の権利を持っている映画会社を探してみたところ、ヒットしたのが株式会社新日本映画社さんでした。エスパース・サロウというのが配給レーベル名で、『いのちの食べかた』や『人生、ここにあり！』、後に『フランシス・ハ』や『ひつじ村の兄弟』など、センスが良く、心に響く良質な作品を配給されている配給会社です。

ホームページを見ると、その会社が『フラガール』の権利を持っているようでした。後になって、甲斐社長の会社が「非劇場上映」を手掛けており、非劇場上映というのは、カンボジアでの私たちと同じように、学校やホールなど、映画館ではない場所での上映のことだと知るのでした。

新日本映画社さんにも突撃で電話してみて、「『フラガール』の上映について伺いたいのですが」と聞いてみたところ、代わってくださったのが甲斐社長でした。

「なるほど。カンボジアでの上映についてですか。ちょっと確認してみて折り返しますね」とおっしゃる甲斐社長。経験上、折り返しは来ないだろうと思っていたら、電話をしてきてくださったのです。なんていい人なんだ……。この親切な方を逃してはいけない気がする……。と思った私は、またまた長文メールを書いていました。（一部抜粋）

〈株式会社　新日本映画社　甲斐秀幸様

先程はお電話にてありがとうございました。改めまして、教来石小織と申します。映画の権利関係の件で壁にぶつかり落ち込んでいたのですが、甲斐様が親切にいろいろ調べてくださったり、お話をしてくださったので、救われた気分になりました。本当にありがとうございます。

体を壊したことをきっかけに、人生について考えていましたら、カンボジアに映画館をつくりたいと思い立ち、友達に話しているうちにプロジェクトになりました。

なぜカンボジアだったかと申しますと、カンボジア映画は、かつて東南アジアで隆盛を極めていたのですが、内戦時代に映画館は壊され、300本あったフィルムは焼かれ、映画人は殺されたという悲しい映画史を持っている国だからです。

カンボジアとは縁もゆかりもなかったのですが、動いているうちに縁やゆかりができまして、昨年の11月にカンボジアの小学校と日本語学校で、上映会を行うことができました。日本から持ち込んだ小さなプロジェクターとスピーカー、白いシーツをスクリーンにしたお粗末な設備の上映会、その上映画は日本語だったのですが、子どもたちが（大人たちも）大変喜んでくれまして。

笑ったり驚いたり、歓声をあげたり、最後は拍手喝采で、こちらまで感動してしまいました。

日本の小学校の上映会での子どもたちも、きっとそんな様子なのではないかなと想像いたします。

次回は今年の7月にカンボジアに上映会に行くのですが、カンボジアの子どもたちに、もっと喜んでもらいたいと思い、「次回はクメール語の字幕か吹替えをつけた映画にします」と宣言してきてしまいました。

字幕か吹替え、なんとしても実現させたく思うものの、難しいのかなとまた壁にぶつかっております。〉

〈教来石小織　様

ご連絡いただき、ありがとうございました。なんと、既に昨年カンボジアで上映会をなさったのですね。日本語の映画でありながらも、子どもも大人も心から楽しんでいる様子が目に浮かびます。教来石さんにとっても、このプロジェクトにとっても、貴重な体験・第一歩となりましたね。そして、「次回はクメール語の字幕か吹替えをつけた映画にします。」と宣言してきてしまったのですね（笑）。それは大変なことになりましたねぇ……。

ちょっと面白そうだし、せっかくお声掛けいただいたので、私もできる限りお手伝いさせていただきます。

ビールでも飲みながら作戦会議しましょうか？　宜しくお願いします。〉

約束の日、定時に仕事を終えて、渋谷にある甲斐社長のオフィスを訪れました。

映画の配給会社なんて初めてだったのでワクワクとしていました。観葉植物が飾られ、映画のポスターが貼られ、チラシやパンフレットが山積みになっているアットホームなオフィス。

お会いした甲斐社長は、電話とメールから感じた人柄のように穏やかで優しく、ユーモアにあふれた方でした。話しているうちに、甲斐社長は私と同じ大学、同じ学部の同じコースだったと知り意気投合しました。結局『フラガール』について、海外のセールス会社からお返事は来なかったので、どんな作品がいいかなどについて打ち合わせをさせていただくことに。


その後、甲斐社長の腹心の部下であるホシカヨさんと共に、秋田の比内地鶏が食べられる居酒屋へ。美人で長身のホシカヨさんは、立ち居振る舞いも話し方もパンクロックな感じです。

カンボジアで上映する作品について、会社として私たちの活動にご協力いただけるような話になりました。日本酒で酔ったホシカヨさん、

「エンタメに従事する者は、エンタメを追求しなきゃダメなんだよ」

と熱く語り、「やるなら映画よりもすっげー宣伝するから。宣伝が私の仕事だから」と言ってくださいました。甲斐社長も、

「制作者なら絶対、『あなたの映画にクメール語の字幕がついて、カンボジアの子どもたちに上映されます』って言われて、嬉しくないわけがない」

上映権をもらえる映画を探して、クメール語の字幕をつけてカンボジアに届けよう！　と盛り上がりました。甲斐社長もホシカヨさんも、好きなバンドはブルーハーツ。カラオケでジャンプしながら『リンダ リンダ』を歌いました。

「いぶりがっこ」がおいしいこと。ブルーハーツが心に来ること。上映権で壁にぶつかっていた私たちに強力な味方ができたこと。寒い冬の日。忘れられない夜になりました。

やなせたかし先生

甲斐社長はその後、自社で権利元と上映権の交渉ができる作品の中から、「子ど

もたち向けに」ということで、いくつかの作品を候補として挙げてくださいました。

さすが、長年日本の学校での上映会を手掛けてらっしゃる甲斐社長です。

二児の父でもあり、お子さんとは毎月、甲斐社長のお勧めの1本を、甲斐社長の解説付きでいっしょに観ているという一面も。

そんな甲斐さんが選んだ作品はどれも、子どもの心を育む作品でした。候補に上がった『ハルのふえ』という映画を観たとき、これは完璧だ！　と思いました。アンパンマンのやなせたかし先生が描いた絵本が原作。やなせ先生が、数あるご自身の絵本の中から、映画にするならどれが良いかと訊かれたときに、一押しだったのが『ハルのふえ』だったとのこと。


ある日、森に捨てられている人間の赤ちゃんを見つけたタヌキのハルは、人間に変身して育てることを決めます。パルと名付けたその男の子を、ハルは雨の日も風の日も、必死で育てます。赤ちゃんから子どもになったパルに、ハルは得意の草笛を教えます。やがてパルはハルよりも上手に草笛を吹けるようになります。

パルが草笛を吹いているところに、音楽の神様と言われるほどの笛の名手、チョコパン氏が通りかかります。一目でパルの才能を見抜いたチョコパン氏は、ハルに「この子を預からせてほしい」と頼みます。パルはまだ子どもだし、自分は実はタヌキだから都会には行って暮らすことはできない。自分のもとから可愛いパルを放したくないと悩むのですが、チョコパン氏と笛を吹いているパルはとても楽しそうでした。パルにチョコパン氏について都会に行って、チョコパン氏のもとで音楽の修行をするように言うハル。お母さんと別れたくないと泣くパル。母と子の別れ。

都会に出たパルは、初めて見るものがいっぱいです。チョコパン氏の厳しい修行に耐えて、フルートの名手になっていきます。そして……。

最初の舞台が森で、カンボジアの農村部と似てなくもないということ。時間も48分で、子どもたちにちょうどいい長さです。「音楽家」という職業があるということを教えてくれるので、夢の選択肢を広げてくれます。努力して夢を叶《かな》えることの大切さも教えてくれます。この映画は、カンボジアの子どもたちに届けるのに最適な映画だと思いました。

『ハルのふえ』をカンボジアで上映するにあたり、やなせたかし先生からメッセージをいただくこともできました。

〈私は絵本作家です。たくさんの絵本を描いています。その絵本の中でも『ハルのふえ』は新しい作品で好きな絵本の一つです。それがアニメ映画になり日本では好評でした。思いがけずカンボジアでも上映されることになり少し心配ですが嬉しく思っています。

人間に化けることの上手なタヌキに育てられた赤ちゃんが都会に出て有名なフルーティストになりお母さんを都会に呼び寄せようとしますが、ハルは本当はタヌキなので都会には出ずに一人で田舎の森で暮らしています。そしてどうなったかということは映画を見ていただければわかります。

そういうお母さんの気持ちはカンボジアでも日本でも世界中みんな同じだと思い

ます。実は私の祖母はけっしてタヌキではありませんがどうしても都会に出ず田舎で一人暮らしを続けました。その祖母のことがこのお話のモデルになっています。カンボジアの皆さんに楽しく見ていただければいいのですが、さてどんなふうに見ていただけるでしょうか。　やなせたかし〉

その後の2013年7月、カンボジアで吹替えを上映し、子どもたちがどんなふうに観ていたかのご報告に伺えればと思っていたのですが、ご高齢のため直接お会いするのは難しいというお返事が。それから間もなくして、やなせ先生は帰らぬ人となり、『ハルのふえ』はやなせ先生の遺作となりました。

やなせ先生が気にされていたカンボジアの皆さんの反応は、最初にやなせうさぎが登場し、映画の挨拶をする冒頭からスクリーンに釘付け。キャラクターたちのコミカルな動きに笑ったり、母と息子が別れるシーンでは涙を流したりと、とても感受性豊かな反応を見せてくれました。大人の方も、窓の外から観てくださっていました。やなせ先生の作品は、カンボジアの農村部の人々にも大人気だったのです。

カンボジアの農村部には、地域に学校ができても家の事情で学校に行けない子どもたちがいます。家庭の事情はさまざま。お金がなかったり、子どもは労働力だから、勉強よりも手伝いをさせる存在だと思っている親御さんがいたり。

現在日本語ガイドとして活躍しているカンボジア人のリアさんは、「うちは貧しかったので私は家の手伝いをしたかったけれど、自分のお母さんは学校に行けと言ってくれた」と話していました。

「家の手伝いをさせずに学校に行かせるなんて」と、当時村でお母さんはバカにされていたそうです。「でも私には何もないから、娘には勉強をさせてあげたかった」と、リアさんのお母さんは当時のことを思い出し、泣きながら話していました。リアさんも泣きそうになりながらお母さんの肩に手を置いて、「この話をするとお母さんは必ず泣くの」と言っていました。

今、リアさんはお母さんを都会に呼び寄せ、立派な家に二人で住んでいます。

努力して大成したリアさんのサクセストーリーは、今やリアさんの村では有名な話で、「村では子どもたちに、みんなリアみたいになりなさいって話されているみたい」と言っていました。

また、ある村で籠を編んでいるお母さんたちに、「もしも子どもがハルのように、都会に出て夢を叶えたいと言ったらどうしますか？」と聞いてみたら、三人が三人とも言っていました。

「さみしくなるけど、応援したい」

『ハルのふえ』を上映した村に、翌年新しい作品を持って再び訪れたとき、『ハルのふえ』を覚えてくれていたお母さんと話しました。その日豚の赤ちゃんたちが生まれて忙しく世話をしていたお母さんに『ハルのふえ』の感想を聞くと、「自分の子どもを、あんないい学校に入れてみたいわ」と言っていました。

やなせ先生のおっしゃる通り、お母さんの気持ちはカンボジアでも日本でも世界中みんな同じだったのです。

『ハルのふえ』のサクセスストーリーが、その後の子どもの人生にどんな影響を与えることになるかはわかりません。ほとんどの子は忘れてしまうかもしれません。

ただ、英語がペラペラで、CMC「カンボジア地雷撤去キャンペーン」のスタッフとして活躍しているラボットさんにお会いしたとき、こんなことをおっしゃっていました。

「僕は6歳のときに人生のゴールを決めた。タイトルは忘れたけれど、映画を観たんだ。貧乏だった青年が勉強して成り上がっていく物語だった。僕の家も貧しかった。だから僕も勉強して、主人公のようになろうと決めた」

努力して夢を叶える『ハルのふえ』が、10年後、20年後、子どもたちの中でラボットさんのように花咲く日を祈りました。

『ハルのふえ』の権利元から提示された1回あたりの上映料は数万円。日本だと1回10万円以上するところ、大幅に割り引いてくださった形です。なのに情けないことに、私たちの財政状況では、多くの場所に届けるのは不可能な金額でした。カンボジア中の子どもたちに届けるのは私たちでは力不足だったのですが、より多くの子どもたちに観てもらいたい作品でした。

貧乏団体の私たちが、提示された上映権料の金額に身の程を知り愕然《がくぜん》としていたところ、甲斐社長は7月に5カ所で上映する予定の上映権を、すべて払ってくださったのです。

また、『ハルのふえ』のクメール語吹替え版を作成した際、ポストプロダクション、つまり録音後の作業を手掛けてくださったアクシー株式会社は「無料でいいですよ」とおっしゃってくれていたのですが、「今後も頼むのに、無料で引き受けると関係性が続かないだろうから」と、甲斐社長がこっそりお支払いしてくださっていたことを、後になって知るのでした。当時のことを振り返り、甲斐社長は、

「この活動に、誰かがエンジンをかけてあげなければと思った。同じバスに乗ってしまったので、同じ景色を見ながらバスの行き先を見てみたい」

とおっしゃっていました。甲斐社長には足を向けて眠れません。

3
A

「うーん……どうしても吹替え版がいいの？」

甲斐社長に足を向けて眠れないくせに、私はたびたび甲斐社長を困らせていました。甲斐社長が何度も、吹替え版は字幕版より3倍くらい手間も費用もかかるとおっしゃっていたのに、私はどうしても吹替え版をつくりたかったのです。

字幕版と吹替え版、どちらがいいかで悩み、調べていると、英語を字幕で観る習慣は日本以外であまりないということがわかりました。また、一二三日本語教室で少し離れた場所から映画を観てくれていたカンボジア人のことを思い出してもいました。

字幕だとあの場所からは見えないけれど、吹替えならスピーカーが大きくなればあの場所でも聞こえる。それに、まだ文字が読めない子どもや、学校に行けぬまま大人になった文字が読めない親御さんたちもいっしょに映画を観るのなら、吹替え版のほうがいいはずです。

「だから絶対、吹替え版がいいんです」

とはいえ、クメール語の吹替え版ってどうやってつくればいいんだろう。そのとき、甲斐社長と私といっしょに、頭を悩ませていた人がもう一人。『ハルのふえ』をクメール語に翻訳してくださったカンボジア人のソティーブンさんです。

ソティーブンさんを紹介してくださったのは、上智大学アンコール遺跡国際調査団研究員の三輪悟さん。一二三日本語教室での映画上映会に来てくださったのをきっかけにお世話になるようになりました。

「あの日ほんとは、日本に帰る日で時間なかったんですけど。アンコール日本人会で映画の上映会やるって聞いて、いったい何者なんだ、面白い人たちだなと思って行ってみたんです。そしたら暑いのに浴衣なんて着てるし、変な人だなと思って（笑）。いや、いいことしてると思いますよ」

三輪さんは、最初の出会いから今日まで、事あるごとに力になってくださっています。在カンボジア日本国大使館が募集している「日カンボジア友好60周年記念事業」「日・ＡＳＥＡＮ交流40周年記念事業」に応募するようアドバイスをくださったり、遺跡がある村での４００人規模の上映会を企画してくださって、カンボジアのテレビ局を呼ぶようアドバイスをくださったり。三輪さんにさりげなく導いていただけたから進んでこられたように思います。

そんな三輪さんが出会って最初の頃に教えてくださった、３Ａの教え。

「夢に向かって進むときは、３Ａを大切にするといいですよ。あせらない、あてにしない、あきらめない」

アンコールワットの修復を20年近くにわたり手掛けてらっしゃる三輪さんの３Ａには、ズシリとした重みがありました。それから壁にぶつかるたびに、この３Ａを思い出すようにしています。

「映画の翻訳してくれる人、良かったら紹介しましょうか？　ソティーブン君っていうんですけど。上智大学で働いてて遺跡の研究してます。彼もお金がないから、少しでも報酬をあげれば喜んでやってくれると思いますよ」

という経緯で紹介してくださったソティーブンさん。私たちの中心メンバーの一人に、フライパンこと山下龍彦君という上智大生がいます。後に彼が「ソティーブン先生がさ」と話すのを聞くまで、私はソティーブンさんが上智大学の先生だということを知らなかったのでした。

すっかり『ハルのふえ』クメール語吹替え版制作チームに入れられてしまったソティーブンさん。私の中では、ソティーブンさんに全役吹き替えていただくか、もしくはソティーブンさんのお友達を総動員して吹き替えていただくという、ソティーブンさんにとっては大迷惑な構想ができていました。私も大学時代にアフレコをしたことがあるけれど、クメール語でセリフのタイミングとか合わせるの大変だろうな、と気が遠くなりながら、お友達をどうやって動員するかについて相談していたとき、ソティーブンさんが思い出したように「あっ」と言ったのです。

「もしかしたら、カンボジアの声優スタジオにやってもらえるかもしれません」

「えっ。そんなことできるんですか？」

ソティーブンさんがカンボジアでの吹替えの金額を調べてくださったところ、日本の10分の1くらいの費用でできることがわかりました。

その後、カンボジアの声優スタジオにディスクがちゃんと届くかわからないということで、ソティーブンさんのお友達であり、プノンペン国立博物館の館長でもある方が、声優スタジオにディスクを届けたり、日本に送り返す際の仲介を引き受けてくださることに。

かくして、カンボジア人のプロの声優さんによって吹き替えられた『ハルのふえ』クメール語吹替え版が完成したのでした。プロの声優さん、プロのポストプロダクションにより完成した作品を観たとき、あまりのクオリティの高さに驚きました。

と、いっしょに観ていたソティーブンさんが、「あっ」と言いました。

「どうしたんですか?」

「ごめんなさい……名前のパルとハルを、パリーとハリーと書いてしまっていました……」

もしもカンボジアの村のどこかで、「ハリー」と言っている子どもがいたら、それは「ハル」のことかもしれません。

広報の意義

キャティックを始めてからしばらく経った2013年7月、派遣社員の事務員をしていた私は、友人からの紹介でライター業に契約社員として転職することになりました。株式会社バリュープレスというプレスリリース配信を手掛ける会社で、プレスリリースやインタビュー記事を書くのが仕事内容です。

三軒茶屋駅から徒歩8分の場所にあるこの会社は、千葉の実家から毎日通うにはさすがに厳しい場所にありました。今まで本腰入れて仕事をしてこなかった分、一生の仕事を身につける最後のチャンスかもしれないと、朝から晩まで働く熱意で、会社近くの駒沢大学駅から近い場所に引っ越しすることにしました。

31歳、なんだかんだ初めての一人暮らし。駅から徒歩2分なのに家賃は水道代込みで5万7000円というお得な物件。3階建ての1階で、共同の玄関にいちばん近い部屋。6畳一間で収納はなし。洗濯機なし。ユニットバス。ホテルに設置されているような正方形の小さな冷蔵庫あり。寝に帰るだけだからと、寝床だけは奮発してセミダブルのベッドを買ってみて、書く仕事に必要だからと机と椅子、そしてクローゼットを置いたら、ほとんどスペースがなくなりました。テレビを置ける場所も確保できず、テレビも洗濯機もない部屋です。

思えばたまたまご縁をいただいたバリュープレスで、広報の大切さについて学べたのは本当に運が良かったなと思います。

広報はなんのために行うかというと、「事業をやりやすくするため」です。プレスリリースは広報の仕事の中のほんの一部にすぎないのですが、私は一本のプレスリリースが事業にどのように関わってくるのかを、体感することができました。

「やなせたかしさんのアニメ映画『ハルのふえ』が、カンボジア農村部の子どもたちに届きます」という内容のプレスリリースを2014年3月に出したところ、アニメ関連サイトや朝日新聞さんの海外向けサイトに記事掲載され、それを見たカンボジアデイリーという現地新聞の記者の方が、私たちがカンボジアにいるときに直接連絡をくださったのです。

結果、カンボジアデイリーの一面に、現地での上映風景の写真と共に大きく掲載いただくことができました。

そしてこの記事をご覧になったカンボジア政府の方から、「国際子どもの日」にこの映画を上映してもらえないか、とご連絡をいただく（まだ実現していませんが）という流れも生まれたのです。メディア掲載によって活動の幅が広がり、メンバーの士気も上がりました。

どんなにいいサービスでも、広報が悪ければ世の中に認知されることはなく、世に出ているサービスや商品で広く認知されている裏には、たいてい優秀な広報担当者の存在があることがわかりました。ＮＰＯでも、有名なＮＰＯはどこも広報がうまいのです。先進国で肥満の問題に取り組み、アフリカやアジアの子どもたちに給食を届けるNPO法人TABLE FOR TWOの広報担当、田澤玲子さんや、絵本を届ける運動をされている公益社団法人シャンティ国際ボランティア会の鎌倉幸子さん（2015年12月末退職）の広報力は格別です。優れた広報担当者は、記者や団体内からも信頼が厚い。なぜなら頭が良く人柄もいいからだということがわかりました。

鎌倉幸子さんに、グローバルフェスタの会場でお会いしたときに、私が「映画を届けるのって、ワクチンや食糧みたいに、絶対に必要なものじゃないから悩んでいるのです」と言ったあと、鎌倉さんが答えてくださった言葉は、今も活動の支えとなっています。

ワクチンや食糧は、生きるための手段。
本や映画は、生きる目的を与えてくれる。

2015年5月末に私はバリュープレスを退社することになります。キャティックが忙しくなってきて、仕事と両立できなくなり、寝る時間がほとんどなくなり、駅で倒れたりして会社を休み、会社に多大なるご迷惑をおかけし、そして両立していこうとする限りこの状態が改善することはないと思い、キャティックを選んだのでした。

無責任極まりないことをしたにもかかわらず、「思いっきりやってください。こういうのは思いっきりやらないといけないと思うんです」と背中を押してくださって、退社後も団体がクラウドファンディングを実施したときにご支援くださるなど、見守ってくださる代表はじめ会社の皆様に、この場をお借りして心より御礼申し上げます。

スピーチの神様

バリュープレスで働き出したらきっと忙しくなるから、最初のうちはキャティックの活動ができなくなるに違いない。それなら時間のある学生さんにやってもらうのがいいだろうから、学生をまとめられるリーダーみたいな人がいたらいいのに、と思っていた2013年5月頃に出会ったのが、ゆーや君でした。

「カンボジアに映画館をつくろう！」の収益源確保については始めた頃から悩んでいて、カップルが寄付をしたら結婚式にサンクスレターが届くとか、的外れなビジネスモデルばかり考えていました。そんな中、「映画のチケットのうちの10円とかを、寄付にできないかな」というアイディアを出したところ、コースケ君が「こういうのですよね？」と教えてくれたのが、「TABLE FOR TWO」でした。先進国の人が、ヘルシーメニューを食べることでそのうちの20円が寄付になり、アフリカの子どもに1食20円の給食が届くというモデル。

ゆーや君は学生時代に「TABLE FOR TWO の学生代表をしていた人だったのです。東京国際フォーラムにある神戸屋で紹介されたゆーや君は、温和な好青年でした。相談に乗ってくれたゆーや君から、「今度母校で150人規模の講演会をするので、1分間ほど団体紹介をしませんか？」と提案を受けました。人前で話すのは大の苦手なので、団体の代表になっても、決して前に立たない、イベントとか開催しない、というのが私のポリシーでもありました。でもせっかくゆーや君がくれたチャンスだし、1分だし、と喜んでやらせていただくことに。とはいえ150人の前で話すのか、と思うと、1週間前から緊張でおなかをくだし続けました。

原稿に書き起こしてみると、1分間のスピーチって意外と難しい。300文字程度が1分のスピーチに適切な量と言われていますが、うまくまとめられません。今考えると、

「カンボジアの農村部の子どもたちに映画を届けています。発電機と上映機材を持っていって、学校の教室や広場を即席の映画館に変えています。映画を届ける活動は夢の種まきだと思ってます。いっしょに活動したい人は声かけてください。よろしく」

程度で良かったのですが、初めてのスピーチに緊張したり張り切ったりで、「私がこの活動で得たのは仲間で……」など、1分には必要のない情報ばかり入れて、

結果聞いた側もどうアクションしたらいいかわからないという代物を披露することになるのでした。しかも2分半オーバー。同じく1分団体紹介の登壇者だった方に、「めっちゃ震えてましたね。持ってる紙の震えがやばかった」と突っ込まれ、「このようにスピーチが苦手だから前に立ちたくないのです」と言うと、「代わりに表に立つって書いて〝代表〟なんですよ」と諭されたのを覚えています。

さて、失敗に終わった私のスピーチに比べ、ゆーや君の講演会は神がかっていました。母校で150人の前での講演会。アフリカの現状や、TABLE FOR TWOの活動、そして自分自身のこと。最初から最後まで、2時間飽きさせず、笑わせたり泣かせたりと、それはまるで映画のようでした。この人はスピーチの神様だと思いました。

その講演会で初めて、学生時代から人望もあり、頭も良く、大企業に就職したゆーや君が、病気のために会社をやめることになり、今もリハビリ中であることを知るのでした。ゆーや君がそれを告白したのはこの講演会が初めてで、魂を込めて自分

の弱さをさらけ出すことは人の心を打つことを知りました。そして私は泣きながら、

（見つけた。この人だ）

と思っていました。私が探していた団体をまとめられるリーダー、活動を大きくしてくれるリーダーはゆーや君に違いありません。

その晩、例によって私は、講演の感想と、ゆーや君にいっしょに活動してほしい想いの丈をぶつけた超長文メールを送ります。

翌々日、ゆーや君から長文の返信が来て、そこには「7月のカンボジア、いっしょに行かせてください！」と書かれていました。

夢が変わりました

2013年7月、2回目のカンボジア行きが迫っていたある日、

「映画を観るだけでなく、子どもたちが映画の世界をより体験できて、職業観を

つけられるように、映画に関連するワークショップもしたらどうだろうか」と思いつきました。今回の『ハルのふえ』の主人公が大人になったときの職業はフルーティスト。フルート体験ができたらいいのではないだろうか。

そこで7月の上映会では、現地で活躍されるプロのミュージシャン彩さんと、音楽の先生をされているレナさんにご協力をお願いしました。カンボジアののどかな農村部で、『ハルのふえ』のエンドロールが流れたあと、映画が終わったはずなのに、エンドロールとまったく同じ曲がどこからともなく聞こえてきます。通訳さんに「隣の教室に行ってみよう」と言われ子どもたちが走って隣の教室に行くと、ピアノを弾く彩さんと、フルートを吹くレナさんが演奏しているという、サプライズなワークショップの始まりを実現できたのです。レナさんがフルートを子どもたちに教え、音が出ると顔を輝かせる子どもたちの顔がありました。

3カ所で同じワークショップを行ったのですが、そのときに感じたのが、学校によって子どもたちの積極性に差があるということでした。「フルート吹いてみたい子はいる?」と訊くと、ある学校では何人もが手を挙げますが、別の学校では恥ずかしがって誰も前に出てこなかったりするのです。

映画を観ているときの反応も村によって大なり小なり異なります。集中力が高く、感受性豊かに笑ったり泣いたりする子どもが多い場所では、先生もいっしょに映画を観ていることが多いような気がします。肌感覚ではありますが、先生に限らず、学校をつくられた日本人の方でも誰でも、子どもたちの近くにいる大人の方が愛情を持って接している学校の子どもたちは、比較的集中力が高いように感じました。

２回目の映画配達ツアーで向かったのは、日本のＮＰＯ法人はちどりプロジェクトさんがつくられた、プレイキション村にあるはちどりスクール。この子どもたちも、集中力が高く感受性豊かでした。

上映後のインタビューで、緑色のタートルネックを着ていたピーちゃんという女の子が何かを言うと、通訳さんが笑いながら言いました。

「映画の前にインタビューしたときには先生になりたいって言ってたけど、映画を観て夢が変わったって」

ピーちゃんは、映画をつくる人になりたくなったとのこと。

「えっ。ほんとに？　私も小学6年生のとき、映画監督になりたいって思ったんだよ」

それが、映画を観たことで子どもの夢が変わったのを見た最初でした。

第4章

スタンドバイミー

映画館を貸し切ろう！

「ひゃ、100人規模？」

代々木にあるカンボジア料理店「アンコールワット」で、私は動揺していました。コースケ君とゆーや君と、ゆーや君を紹介してくれてゆーや君と同時期に入ってくれたジャニーズ系男子トミーとミーティングをしていたときのことです。カンボジアへは2回上映会にも行ったし、もうすぐ団体設立から1年経《た》つし、知名度を上げるために、ここは1周年イベントとして一発大きいイベントをやったほうがいいのではと、3人が盛り上がっているのです。

「ダ、ダメだよ、100人とか。私友達少ないし。やるとしてもせめて20人とか30人くらいの規模のイベントにしようよ」

「大丈夫ですよ。この前、僕、講演会150人規模でしたけどあのくらいですよ」

とゆーや君。

「僕大学のとき、600人規模でイベントやりましたけど、集まりましたよ」

とトミー。

「……」

私は団体をやっても、イベントとか、前に立って話す代表にはならない方針でした。でも、代表たるもの、メンバーが何やらやる気になっているのにそれを否定するわけにはいきません。

「いいよ……やろう……」

イベント発起から当日まで残り1カ月。会場は映画館がいいのでは、と提案したことをきっかけに、仕事ができる彼らは、あっという間に六本木の映画館を押さえました。使用料は3時間10万5０００円。前後の準備と片づけ、受付の時間を考えると、イベント自体は約2時間。参加費は一般の映画鑑賞代と同じ１８００円。コンセプトは、「この1年の歩みは、まるで映画のようだった」。終わったあと、１本のいい映画を観たような気持ちで帰っていただくのが目標です。

学生時代、団体行動やみんなと何かをつくり上げるのが苦手だった私は、仲間と同じ作業をして一つ屋根の下で徹夜作業をする日が来るなんて思いもしませんでした。31歳を過ぎて訪れたその時間は楽しくて、なぜ私は今までこれを知らなかったんだろうと後悔したほどです。

一睡もせず迎えた当日。2013年9月1日。六本木の映画館の控室で、このイベントのリーダーゆーや君を中心に円陣を組んで気合いを入れます。

受付前には、ズラリと人が並んでいました。ゆーや君はじめメンバーたちが、一人ひとりに招待の案内をしてくれました。当日ほとんどドタキャンもなく、100人以上の方たちが来てくださったのです。

差し入れの手作りクッキーを持って受付をサポートしに駆けつけてくれた読者モデル・ジュリーヌが、「あの可愛い子は誰?」と噂《うわさ》になっていてニヤリとしました。

お客様が席につき、音響、映像担当もそれぞれの配置についています。時間ピッタリ。「カンボジアに映画館をつくろう!」の、1周年記念イベントの始まりです。

映画のようなこの1年

イベントは4部構成で行われ、進行の中にはこんなシーンもありました。

2回目の上映ツアーに参加したゆーや君が、帰国後につくってくれたムービー。心を打つ音楽に合わせて、映画を届けている光景、映画を観ている子どもたちの眩《まぶ》しい笑顔が映ります。そして、「誰かが言っていた。可能性は〝無限大〟ではなく〝夢限大〟だ」というメッセージ。

〈映画は人が生きていく上で、絶対に必要なものではありません。食べ物やワクチンのように、明確に役に立つわけではありません。なのでこの活動についてはまだまだ手探りですし、ときどき思います。

映画を届けて、どんな意味があるのだろうと。

でも、映画を観て笑ったり泣いたりする子どもたちを見ると、今日観た映画の記憶が、いつの日か子どもたちの中で何かを実らせるかもしれないと、ただ信じてやまないのです。
映画はきっと、彼らの心に、一生消えることはない何か温かなものを残している
に違いないと、ただ信じて進んでおります。

非営利団体CATiC〉

そして最後の映像に、「先生になりたい」と答えていた、緑のタートルネックの
女の子が登場します。そしてはにかみながら言うのです。

「映画を観て夢が変わりました。映画をつくる人になりたいです」

ゲストの方々からのお話もいただき、最後に私から、代表挨拶。

ほんの一部を抜粋させていただきます。

ご挨拶が遅れました。改めまして、「カンボジアに映画館をつくろう！」代表の
教来石です。あの、声が小さいとよく怒られていまして、後ろのほうに座ってる方、
声が聞こえにくかったらぜひ手を上げてくださいね。ちなみに、こちらは（手に持っ

ているスマホ)、万が一頭が真っ白になったときに見るお助けツールです。2回までしか見ないことが目標です。

と入ってみたスピーチ。スピーチの神様ゆーや君と、コースケ君に一夜漬けで今朝まで鍛えてもらったこの日のスピーチで、私は人前に立つと頭が真っ白になるというトラウマと決別することができるのです。

本当の本当のきっかけと言いますか、カンボジアに映画館をつくりたいと思った衝動が湧《わ》いてきたときのことは、実は誰にも話していませんでした。なぜなら、人からすれば聞かされても困る話だからです。

ある人がこんなことを言っていました。「こういうこと始めるときって、だいたいコンプレックスがきっかけになってることが多いんですよ」と。その通りでした。

ある人とは、ゆーや君のことでした。ゆーや君とトミーと、六本木のあさりラーメンのお店でそんな話になり、私はこの活動のきっかけになった自分のコンプレックスは、自分の子どもになかなか出会えないということだと気づくのでした。

子どもが好きでして。皆さんは、「幸せ」と聞いてどんな図を思い浮かべるでしょうか。私が子どものときから思い描いていた幸せの図というのは、実に単純でして。日曜日の公園で、旦那さんと子どもと、お弁当を食べることだったんです。

大学を出てわりとすぐ結婚しました。旦那さんは、子どもはいらないと言いました。ずっといっしょにいれば気が変わるだろうと思っていました。4年経《た》って、離婚しました。家にあった荷物を、実家に持って帰るんですけれども。父が車で荷物を運んでくれました。そのときのことは今でも覚えています。荷物のいっぱい乗った帰りの車で、運転する父の横顔を見ることができませんでした。

娘の幸せを誰よりも願い、孫の顔を見る日を楽しみにしていた父に、なんてことをさせてしまっているんだろうと思いました。絶対に幸せにならなくちゃと、その

ときから、子どもを持つことや幸せというものに、とても執着するようになってい
た気がします。

次におつきあいした方とは仲良く過ごしていて。2年ほど経ったとき、子どもが
できたかもしれない、という状況になったんです。浮かれました。やっと母親にな
れるかもしれないと。もし本当に子どもができていたら翌日検査薬に反応が出ると
いう日、その方から結婚はできないとフラれてしまいました。

そのときに、なんというか、やはり自分は家族や幸せには縁がないんだなぁと。
同時に、私は自分で思う以上に欠陥の多い人間なんだなと思いました。子どもはで
きていませんでしたが、それから間もなくして、病院から子宮頸癌《けいがん》の疑いがあるの
で、精密検査をするようにとお知らせが届きました。

ああ、やっぱり私は子どもには縁がないんだなと、執着が大きかった分、絶望的
な気持ちになりました。検査の結果が出るまで怖くて。そのとき毎日具合が悪くて、

1カ月で4キロも痩せたりしていたので、絶対に癌で死ぬんだ、死ななくても、やっぱり私が子どもを産めることはないんだと思いました。そんなときだったんです。カンボジアに映画館をつくりたい、と思ったのは。

自分の子どもをこの世に産み落とすことができないなら、世界中の子どもたちに何か残したいと思ったんです。

何かこう、子どもたちの中でずっと生き続けるような何か。

それが夢でした。

たくさんの子どもたちに夢見るきっかけを与えられるもの、私にとっては、それが映画だったんです。あ、子宮頸癌は全然大丈夫だったんですけれども。

この話で私がお伝えしたかったことは二つあります。

一つは、子どもの素晴らしさについて。私にとって、子どもがこの世に誕生することは、奇跡です。子どもの命や、子どもの可能性は、世界の宝だと思っています。

もう一つは、夢の力の素晴らしさについて。こんな私でさえ、夢はすごいところへ連れていってくれました。この活動を始めて、たくさんの方にお会いして、嬉《うれ》しいことはたくさんありましたが、カンボジア政府の方とお話しすることができたときのことは印象的でした。

エク・ブンタさんというカンボジア文化芸術省の方で、子どもたちの教育やカンボジアの未来を本気で考えている素晴らしい方なんですけれども。その方とご飯を食べながら、映画を観ている子どもたちの写真や映像を見ていただいたんです。いつも優しいけれど気難しい顔をしているブンタさんが、そのときだけは子どものように、本当にキラキラした目でその映像を見てくださって、最後に、「これは世界を良くする活動だよ」「映画は100万人に届けられる」とおっしゃってくださいました。

彼はポル・ポト政権のときに、それはそれは大変な子ども時代を過ごしていました。父親を殺された彼は、7歳のときから一家の大黒柱になりました。昼間は強制労働で働かされて、夜は隠れて家族のために魚を釣りに行っていたそうです。

そんな子どものときのブンタさんには、小さな夢がありました。いつか村に来た外国人のように、知的で優しい大人になりたいという夢が。

その後、ブンタさんは独学で日本語、英語、フランス語を修得し、今は政府の官僚になりました。官僚だから偉いというわけではないですが、ブンタさんが今の地位まで登り詰めることができたのは、子どものときに思い描いた夢があったからなのではないかなと思います。

人間というのは、まず本気の夢さえあれば、どんな環境からも這《は》い上がっていけるのかもしれません。世界中の子どもたちは、たくさんの世界を知って、ワクワクと夢を見る権利があると思うのです。たとえ、どんな環境にいても。

このときの1周年イベントのことを、後日、フリーランスでNPOや公益法人のために資金を調達するファンドレイザーの仕事をされている小川宏さんがブログに書いてくださっていました。一部引用させていただきます。

〈代表の教来石小織さんは、ある意味、異色のリーダーです。ルーム・トゥ・リードのジョン・ウッドやTABLE FOR TWOの小暮さんなど、他の社会起業家と比較すると、とてもビジネス感覚があるとは思えないし、リーダーシップがあるとも考えられません。

どちらかと言うとヘタレキャラです。ただ、周りの人をして「ほっとけない、何か支援してあげたい」と思わせるオーラや魅力があるのです。

そういう意味では、新しいタイプのリーダーかもしれません。

「カンボジアに映画館をつくりたい」という教来石さんの強い思いが、支える優秀なスタッフや支援者にどんどん拡散していくイメージが浮かんできます。

そして、プロジェクトリーダーであるゆーやさんが制作した映像。映画を初めて見て目を輝かせている子どもたちの姿が非常に印象的でした。どこかで同じ光景を見たような印象を持ちました。そうです。ジョン・ウッドがネパールの子どもたちに絵本を贈ったときの映像を思い出したのです。目をキラキラさせて絵本をむさぼり読む子どもたちの映像が頭をよぎりました。

本と映画。図書館と映画館。

いずれも、子どもたちに夢を与え、未来の可能性を広げてくれるものです。

絵本を読み、映画を観て、未来の可能性を広げて羽ばたいていく子どもたちの力になりたいと思います。〉

全力投球のあとで

拍手喝采の中、1周年イベントは幕を閉じ、お客様をお見送りしました。ハンカチで涙をぬぐいながら出ていく人もいました。映画の脚本ではないけれど、自分が書いた台本で誰かが感動してくれている姿を見るのは初めてのことでした。

「とても感動しました。募金箱とかないのかしら。あればしたいのに」というお言葉をいただいて、私たちは活動資金を集めるための募金箱や会員申込書のようなものを用意していなかったことに気づき、ハッとするのでした。

しかしながら私たちは、総力を結集したこのイベントで、次の活動につながるたくさんのものを得ることができました。

一つは、企業からのサポートです。1周年イベントを観に来てくださったTさん。最初のカンボジア行きのとき、予備としてプロジェクターを2台持っていったのですが、そのうち1台を貸してくださったのがTさんでした。何もなかったときを知ってらっしゃるので、1周年イベントで100人集めるイベントを開けるようになるまで成長していたことに感動したとおっしゃるTさん。後日Tさんが実は某会社のご子息で、ここ数カ月の間に会社を継いでらしたことを知ります。

それからしばらくして、Tさんから「株式会社リコーの方が、活動に興味を持ってくれていて、プロジェクターを提供してもらえるかもしれない」と連絡をいただきます。

かつて、企業の方に突撃で電話をして、お叱りを受けたことのある私です。Tさん、コースケ君、ゆーや君と共に行った初めての企業訪問は緊張しました。

株式会社リコーの皆様は大変優しく素晴らしい方たちで、4台のプロジェクターをご提供いただけることになりました。これでもう、友人から借りていかなくてもいいのです。

Tさんは、歴史あるスクリーンメーカー、株式会社オーエスもご紹介くださいました。そしてスクリーンをご提供いただけることに。オーエスの方々との出会いで、同じプロジェクターでも、スクリーンによって映りが違うことを知りました。

今までのスクリーンは、私のベッドのシーツでしたが、オーエスとの出会いを機に、立派なスクリーンへと変わりました。オーエスの奥村正之社長、藤枝昭様には大変お世話になり、その後「SAORIモデル」とプリントしてくださったソーラーパネルもご提供いただくことができたのです。

それから、母との和解がありました。この活動は、家族にはあまりよく思われていませんでした。

カンボジアから帰ってすぐ、2度目のカンボジア行きに向けて走り回っている私を見て、母は「変な宗教にでもハマったんじゃないの？ 1回目は黙ってたけど、またカンボジアに行くなんて。お金もないのに。あなたいったい何考えてるのよ」と激怒しました。

母の激怒はもっともでした。なぜなら母は、娘の幸せを誰よりも願っているのですから。娘は30歳過ぎてバツイチで、またフラれて貯金残高もないのに、カンボジアに映画館をつくるという聞いたことのないものに邁進《まいしん》しているのです。

母の言うことは正しく、今はきっと何を言い返しても口だけになってしまうので、言動よりも行動しかない、続けるしかないと思っていました。

母は1周年イベントの会場に来てくれて、これまでの1年間の報告とスピーチに涙が止まらなかったと言いました。そしてその日から母は最大の応援者になってくれたのです。

ある日夕飯の後、バラエティ番組を見ていたときに母がポツリと「お母さん、500円玉貯金を始めたの。あなたの活動の足しになったらいいなと思って」と言ったときのことは、思い出すといつでも泣けてしまいます。

カンボジア星空映画会

２０１４年３月。第３回映画配達ツアー開催。

アンコール遺跡群の中にある、スラスラン貯水池近くのロハール村にて。今宵星空の下この村で開かれるのは、大スクリーンでの映画鑑賞会。

「映画を観に来た親子が、帰り道に空を見上げると、きっと天の川が見えるんです。それで映画の感想を話し合ったりして。いいじゃないですか。いいなぁ、やりたいなぁ、星空映画会」

と、カンボジア在住歴が20年近くになる三輪さんが以前からアイディアを出してくださっていた、ロマンチックで大規模な星空映画会。

この日、カンボジア人による布製の大きなスクリーン作成から、広場でのスクリーン設置、巨大スピーカーのレンタル、村人が大勢集まるので何かあったときの警察官の手配まで、三輪さんによる完全サポートが入った状態で実現することができたのでした。

いつも平均100名程度の動員数で上映しているので、400人以上集まったこの日は、過去最大規模。学校の教室で上映会をする場合、教室は子どもたちだけで満杯になるので、親御さんは窓の外から観ていただくことになります。広場での上映会は、家族で観られるのがいいところ。

カンボジア人の皆さんと話した中で、「上映するなら日曜日。なぜなら家族で観られるから」という答えがありました。カンボジア人に、人生でいちばん大切にしているものは何？　成功？　お金？　と聞くと、たいていの人が「家族」と答えるのです。

私が子どもだったとき、家族でららぽーとまで映画を観に行く時間があったと書きましたが、そのときは映画の内容だけでなく、映画館に行く前後の時間も楽しく感じるのでした。ポップコーンを買ってもらったり、帰りに車の中で感想を話し合ったり。

もちろん、平和大国日本の中流家庭に暮らしていた私と、家族で一日100円程度の生活をしているカンボジア農村部という違いはあり、綺麗《きれい》ごとだけでは済まない点は多々あります。それでも、三輪さんが思い描いていた、家族といっしょに観られる星空上映会は、実にいいものでした。

映画配達人

「カンボジア中に映画で夢の種をまきたいと言いながら、毎回日本から私たちが映画を届けるのは効率も悪いしコストがかかる。いつかカンボジア人の映画配達人を生み出したい」

と考えていた私たち。そもそも「映画配達人」という職業など存在していないので、これが仕事ならいくらでやりたいか。何人でできると思うか。この仕事だけやりたいか、副業でやりたいかなどのヒアリングも兼ねて、2014年3月の映画配達ツアーでは、一二三日本語教室の生徒さんに星空上映会をはじめ、各上映会を手伝っていただいていました。

いちばん最初の上映地であり、私にこの活動を続けたいと思わせてくれた一二三日本語教室の生徒さんたちも、今度はいっしょに映画を届ける側になってくれたのです。

その中にパザ君19歳がいました。スクリーンをまっすぐ張るのは難しいのですが、パザ君は一度で覚えて、自主的に動いてくれます。子どもが好きだし、いろんな村に行けるのも楽しいようでした。

発電機の不具合で上映がストップするというトラブルが起きると、さっと前に出て子どもたちとカンボジア民謡のような「アラピア」を歌って時間を稼ぐなど機転をきかせてくれるのです。

今ではパザ君は、シェムリアップで上映するときの欠かせない存在です。日本へ留学する夢に向かって頑張っているパザ君ですが、これからシェムリアップで映画配達人の拠点をつくったら、アルバイトできる日は、きっと映画配達人になってくれることでしょう。

寄付とはつまり愛と知る

２０１４年3月の映画配達ツアーの上映作品は、またもや『ハルのふえ』でした。次回は新しい作品を、と思っていましたが、２０１３年10月に亡くなられたやなせたかし先生追悼の気持ちを込めて、『ハルのふえ』を届けたいと思いました。

前回と違うのは、上映権料や現地でかかる移動費などを、「クラウドファンディング」で資金調達できたことです。クラウドファンディングとは、自分たちが実現したいことに対する資金を、目標金額を決めて一定の期間、インターネットを通じて多数の支援者から集める手法のことです。実現したいことに対する共感者が多ければ多いほど、目標金額に到達できる可能性は高まるのです。

日本でクラウドファンディングのサービスを提供している会社は何社かありますが、映画ファンが見る可能性が高いこと、何より代表の大高さんが問い合わせメールに猛烈な返信をくださるくらい熱い方だったことから、「MotionGallery（モーションギャラリー）」で実施することにしました。

初めてのクラウドファンディング実施に際し、アドバイスをくださったのは、先述したシャンティ国際ボランティア会の鎌倉幸子さんでした。鎌倉さんは、クラウドファンディングサイト「READYFOR?（レディーフォー）」で、2012年4月に、レディーフォー始まって以来の最高金額、目標金額200万円の4倍である824万5000円を達成した伝説の方です。奇遇にも、昔からゆーや君とブログでつながっていたご縁から、お時間をいただくことができたのでした。

鎌倉さんからのアドバイスによると、

「SNSでクラウドファンディングページをシェアしてもらったとき、シェアする人がそれに対する説明をしなくても、何をやりたいのかが伝わるような、わかりやすいタイトルを書くといいですよ」とのことでした。「タイトルから、成功したときのビジョンが見えるとなおいいです」とのこと。確かに、鎌倉さんがつけたタイトル「陸前高田市の空っぽの図書室を本でいっぱいにしようプロジェクト」には、その両方が詰まっていました。

鎌倉さんのアドバイスがなければ、恐らく「『ライフ・イズ・ビューティフル』の名シーンのような感動をカンボジアで！　キラキラした子どもたちの笑顔に会いたい！」など、よくわからないタイトルにしていたと思うのです。アドバイスのおかげで、実現したいプロジェクトのタイトルはシンプルに、「やなせたかしさんのアニメ映画をカンボジアの電気がない地域に住む子どもたちに届けたい」としました。


また、「こまめにアップデート記事を更新して、プロジェクトの進捗《しんちょく》を支援者に伝えてあげると、それもシェアしてもらえるので広がりますよ」というアドバイスもいただきました。

クラウドファンディングページには、進捗状況を伝える記事を書けるブログのような機能がついており、そこに記事を書いてアップすると、すでにご支援くださっている方のメール宛《あて》に、ピコンと記事が配信されるのです。

アップデート記事を頻繁に更新することは、モーションギャラリーの大高さんも推奨していました。

しかしながら、私たちは度が過ぎました。

最初のうちは1日1通ペースで配信していたのですが、後半になると、鎌倉さんや大高さんの想定を遥かに超えて、1日2、3通ずつ更新していったのです。三輪さんもご支援してくださっていたのですが、後から「いやね、毎日毎日ピコンピコン届くでしょ。ああ、また来たかって。あのときは言えませんでしたけどね、迷惑に思ってた人多いと思いますよ。ハハハ」とおっしゃっていました。

そうしてなんと、私たちはモーションギャラリー始まって以来、代表の大高さんもビックリな伝説を残すのです。「アップデート記事の多さにモーションギャラリーにクレームが入って支援を取りやめる方が出てくる」という伝説を……。

一方的に情熱的な愛を伝える勘違いメールを送ってしまうようなクラウドファンディング実施期間中、片思いしている乙女のように、精神が不安定になりました。

「今日はご支援が1件も入らない、どうしよう」、と胸が苦しくなり、「クラウドファンディングで寄付を求める私は、案内をもらった人からしたら、物乞いやマルチ商法の人と変わらないのかもしれない」と自分を責めるようになり、支援者が増えたというメールが来ないか、何度もメールボックスをチェックしたり。加えて、今何人の人が応援してくださっているのか、達成率は何%か、残り何日かなど、数字ばかり気にして、不安な気持ちになるのでした。

私以上に一喜一憂していたのが、クラウドファンディングを中心になって進めてくれていたゆーや君です。毎日遅くまでデータを取って、友人知人に「今クラウドファンディングをやってるのでよかったらシェアしてください」と連絡し、メンバーみんなにアップデート記事を書いてもらうスケジュールをまとめてと、一生懸命やっているゆーや君。これで失敗に終わったら死んじゃうかも。どうしよう。とにかくゆーや君が心配で、悪い想像ばかりしてしまう私。

そんな中、達成率をグンとアップする高額のご支援が入りました。それまでは友人や知人からのご支援ばかりだったのですが、メンバーの誰も知らない方からの高額のご支援に驚きました。

応援メッセージを見てみると、四国に住む女性からでした。

〈去年亡くなった主人が会社をやめて独立したとき、初めての仕事がやなせたかしさん関係の仕事でした。何かの縁だと思います。応援させてください〉

最愛のご主人を亡くされてお辛《つら》い中、クラウドファンディングなんてこの年代の方には恐らくよくわからないだろうに、どんな思いで「応援する」ボタンを押して、お名前を登録してくださったんだろうと思うと、驚くくらいぶわっと涙が溢《あふ》れてきました。うっかり仕事中に見てしまったので慌ててトイレに行き、何度もメッセージを読み返し、涙が止まりませんでした。

寄付は数字じゃない。数字の裏には、応援してくださる方々の温かい想いがあり、1円1円に私たちのプロジェクトへの希望が託されており、私たちには託していただいた責任があるのだと、会社のトイレの中で強くそう思いました。

その方に、御礼のメッセージをお送りしたのですがお返事は来ず。文面が暑苦しすぎたかも……と反省していました。でも２０１６年1月に、再びモーションギャラリーでクラウドファンディングを実施した際、ご支援者の中にその方のお名前を発見し、また泣きそうになるのでした。

クラウドファンディング終了まであと1週間の段階で達成率は70％。そんなときに、最高額のご支援が。ズラリと並んだ0の数を、見間違いではないかと何度も数え直したとゆーや君は言いました。

ご支援の主は、筑井さん。「自分も昔カンボジアに住んでいたことがあって」と、団体のFacebookページに熱いメッセージをくださったことがある方です。まだお会いしたことはない、あのときメッセージのやり取りをしただけの方なのに。クラウドファンディング達成の希望が見えてきたことも手伝って、またもや泣きそうになりました。

クラウドファンディングへの寄付の正体は恐らく愛であり、希望であり、期待であり。「応援する」ボタンを押して、お名前を登録しているお一人おひとりに、温度感のある想いがあるのだと思いました。そうして、温かい多くの方々のおかげで、クラウドファンディングの達成率は100％を超えたのでした。今度の映画配達には、メンバーだけではない、多くの方の想いも連れていかせていただくのだと思いました。

大舞台への挑戦

「あ、通った」

2014年10月。メールに一次審査通過のお知らせ。お知らせを送ってきてくれたのは、公益社団法人みんなの夢をかなえる会が中心となって開催する、企業と学生と夢プレゼンテーターとをマッチングさせる大会「みんなの夢AWARD」の事務局でした。

少し前に、私はこの第5回開催に当たる「みんなの夢AWARD5」にエントリーしていました。大会概要にはこう書かれていました。

〈誰かに聞いてほしい、必ず実現させたい、そんな夢を全国から募集。その中から日本一素敵な夢をみんなで決めるイベントです。ファイナリストは、8000人の観衆、約60社の協賛企業の前で夢を語ります。投票により日本一の夢が決定。最高のプレゼンターには、最大2000万円の支援など企業から最大限のサポートが贈られます〉

実は私は、第3回の「夢AWARD3」にもエントリーしていました。応募締切が2012年9月だったので、まだ一度もカンボジアに行っていないとき。具体的には一歩も踏み出せていないときで、普通に一次審査に落ちていました。

2013年2月に「みんなの夢AWARD3」を観に行きました。日本武道館で行われた大々的なコンテストは、ノーベル平和賞を受賞されたムハマド・ユヌス氏も登場したりと、とても豪華なイベントでした。ファイナリストのスピーチが終わるごとに、司会者が、「では応援したいと思った企業の方はプラカードを上げてください！」と呼びかけると、客席にいる企業のプラカードが上がります。

　まさかあの舞台に自分が立てるわけはないけれど、と思いながら、再びエントリーしてみたのです。

　活動を続けていくためには、寄付だけに頼ってはいけないとわかっていました。けれど3年目に入っても、私は活動を続けるための収益源を見つけられていませんでした。映画のチケットに寄付金をつけるというのは実際なかなか難しく、そして仕事の忙しさにかまけていたため、キャティックは万年貧乏団体でした。そして私も貧乏でした。２０１４年3月の渡航以来、自分の貯金からカンボジアの旅費をまかなうのはもはや不可能となっており、カンボジアに行きたくても行けない状態が続いていたのです。絶対に無理だけど、もしも万が一奇跡が起こって２０００万円もらえたら、貧乏団体でなくなるし、クメール語吹替え版もたくさんつくれるし、現地で映画配達人だって雇えます。

二次審査の面接は、グループ面接でした。就職活動時の、頭が真っ白になったグループ面接の悪夢がよみがえります。どうせ私以外の人はみんな優秀なんだろうなと思っていたら、案の定でした。隣り合わせた粕谷君というスラリとした青年は、何やらメカのようなものを持っています。なんと、大学院生なのに会社を設立してサイボーグみたいな義手をつくっているというではないですか。何この人、レベルが違う！　4名の選考委員の方たちも、粕谷君に興味津々です。

（ハッ！　私！　どうしよう、資料も何も持ってきてない！）

次が自分の活動を紹介する番で、資料もないのにどうやって話そうとパニックになっていたとき、（あっ、そうだ）と思いつきました。ちょうどその日、「キャティックが、今度はサッカー映画の『劇場版　ゆうとくんがいく』を届ける」、という記事がYahoo!ニュースに載っていたのです。

以前一度連絡をくれて取材してくださったオンラインメディア「グローバルニュースアジア」さん。新しい情報があったら教えてくださいということで、株式会社白組から権利許諾をいただいた新しい作品『劇場版　ゆうとくんがいく』を、カンボジアで上映できる契約が結べたことをプレスリリースで連絡していたのです。

なんとなく、「Yahoo! ニュースに載るとすごい」というイメージがありますが、Yahoo! ニュースは自社で記事を書いているわけではなく、提携しているオンラインメディアの記事を転載するという仕組みでできています。グローバルニュースアジアは Yahoo! ニュースの提携メディアなので、掲載されると Yahoo! ニュースにも自動で載ることができるのです。

面接会場に向かう電車の中で、「カンボジア」というキーワードでニュース検索してみたら、その日他にカンボジアのニュースがなかったため、私たちの記事がいちばん上に出ていたのです。

これだ、これしかない。

粕谷君の説明が終わって、「じゃあ、次は教来石さん。活動紹介をしてください」と言われ、スッと立ち上がりました。

「すみません。私今日、何も資料を持ってきていないんです。でもカンボジア農村部で映画を上映する活動の様子がわかる写真が載っている記事がありますので、お手元にスマートフォンがある方は、〝カンボジア〟でニュース検索してみていただけますか？　1番目か2番目くらいに、サッカーのアニメ映画の記事が出てくると思うんですけれども」

選考委員の皆様が、それぞれスマートフォンを手に取り、

「へえ、カンボジアってキーワードで検索していちばん上っていうのはすごいね」

と検索しています。

（たまたま運良く今日他にカンボジアの記事がなかっただけだけど、カンボジアで話題になっている活動として認識してもらえたかも……）

「あ、この記事？　へえ、こんなことしてるんだ」

記事に添付されている写真は、あのロハール村での星空上映会の写真です。

「そうです、そうです。そんな感じで、農村部の広場や学校の教室で、即席の映画館をつくって、子どもたちに映画を届けているんです」

「こんな大々的にやってるんだね」

「そうですね。いつもはもうちょっと小さくて、教室で100人くらいの上映会が多いですけども」
（三輪さんのお力のおかげだけど、これで並大抵ではできなさそうな大きなことをカンボジアでやっている団体と認識してもらえたかも……）

いつの間にか私は、グループ面接で頭が真っ白になるトラウマから解放されていました。そして、仕事でたくさんのプレスリリースを見てきたからでしょうか。活動をどう見せたら魅力的に伝わるかも、なんとなくわかるようになってきていたのです。

アニキとサッカー映画

Yahoo!ニュースで記事になっていた、新しい映画のお話です。
「次はサッカー映画を予定している」と、1周年記念イベントで宣言したあと、映画の時間的にも内容的にも、なかなかぴったりな作品が見つからず、私は困っていました。

そんなときに見つけたのが、サッカーの長友佑都選手が監修している、『劇場版ゆうとくんがいく』でした。時間は53分。世界一のサッカー選手を目指すゆうと君が試合に負けた場面からスタートして、努力してリベンジを果たすというお話です。時間的にも内容的にも、求めていたものにピッタリでした。権利元は株式会社白組。『STAND BY ME ドラえもん』が大ヒットした会社です。

先述した新日本映画社の甲斐社長に相談してみたところ、

「なるほど。配給はイオンエンターテイメントさんですね。白組さんとは直接のつながりはないんですが、イオンさんと今度会うので聞いてみますね」

と言って、2週間後には、

「株式会社白組の山田さんと亀山さんとお話ししてきました。お二人とも、キャラクティックの話をしたら、共感してくださいましたよ。『ハルのふえ』の実績があるから、話も通りやすかったです」

という連絡をくださったのです。

「ただ、『ハルのふえ』のときみたいに僕が間に入ると、先方もどうしてもビジネスライクになってしまうだろうから、交渉にはＮＰＯであるさおりさんだけで行くのがいいと思います」

上映権料の壁にぶつかっていた私たち。恥ずかしながら、今の自分たちでは一回数万円ではどうしても続きません。なんとか無償、もしくは1年契約で何回上映してもＯＫな作品が欲しいと思っていました。

「山田さんは、『劇場版　ゆうとくんがいく』のプロデューサーで、ケミストリーの堂珍さんみたいなイケメン。取締役経営企画部長の亀山さんは、思わずアニキと呼びたくなるような方。お二人とも、とてもいい方ですよ」

初めて一人で行く、企業との交渉。山田さんも亀山さんも、まさに甲斐社長がおっしゃっていたような方たち。堂珍さんのそっくりさんと、柔道着が似合いそうなアニキです。

「甲斐さんが、亀山さんは思わずアニキって呼びたくなるような方だとおっしゃってました。今日お会いして、確かに、と思って。亀山アニキってお呼びしてもいいですか？」

と言ってみたところ山田さんは笑ってくれたのですが、亀山アニキは笑わないのでドキドキしました。

「亀山アニキって、前職何されてたんですか？」

「金融関係です」

「へえ……」


甲斐社長がほとんど話をしてくださっていたため、『劇場版 ゆうとくんがいく』の上映許諾を得ることができ、契約書のドラフトの話になりました。

「あの、ちなみにですが、上映権料は……」

と山田さんに聞くと、

「出世払いで（笑）」

と言ってくださったのです。心の中でファンファーレが鳴り響きました。

「無償上映できることになってよかった。でも亀山アニキ、笑ってくれなかったなあ」と思いながら地下鉄表参道の駅まで歩いていき、改札を通ったときに「あれ」という声がしたので振り向くと、亀山アニキがいました。白組さんを訪問したのは19時。亀山アニキの帰りの時間と重なってしまったのでした。

半蔵門線のエスカレーターで、亀山アニキがせっかくなのでと夕飯に誘ってくださいました。

怖いと思っていた亀山アニキが、お酒を飲むと面白くなり、義理人情に厚く、家族思いで面倒見がいいということなどいろいろわかり、この人は冗談が通じる人だと確信しました。

「実はさっき、亀山アニキに前職を聞いたときに、金融関係っておっしゃってたじゃないですか」

「はい」

「ごめんなさい。私、一瞬、亀山アニキが借金の取り立てをしてる図が浮かんでしまったんですけど、実際は何やってたんですか?」

「ベンチャーキャピタルって知ってます?」

(キャピタル……。城……? ちがう、城はキャッスル……)

ウィキペディアによると、

「ベンチャーキャピタルとは、ハイリターンを狙ったアグレッシブな投資を行う投資会社のこと。主に高い成長率を有する未上場企業に対して投資を行い、資金を投下するのと同時に経営コンサルティングを行い、投資先企業の価値向上を図る」

とのこと。

経営のプロの世界から、映画業界に引き抜かれた亀山アニキ。上映作品のことだけでなく、今後多方面でお世話になる日が来るとは露知らず。サイゼリヤで「で、どうすんの？」と亀山アニキから詰められることになる日が来るとは、このときは何もかも知らなかったのです。

途上国を変えるのは映画なんです

夢ＡＷＡＲＤの二次審査であるグループ面接が終わったあと、選考委員の方たちと名刺交換できる時間がありました。そのとき、夢ＡＷＡＲＤ選考委員であり、株式会社ソーシャルプランニングの代表取締役でもある竹井善昭さんがおっしゃってくださった言葉に鳥肌が立ちました。この言葉を聞けただけで、二次審査で落ちても構わないとさえ思いました。

「先ほど面接のときには皆さんいらっしゃるので言えませんでしたが、実は途上国を変えるのは映画なんです」

実は私も心のどこかでおこがましくもそんなことを思っていたのですが「映画だと思ってるんです」「映画かもしれませんよ」ではなく、「映画なんです」と言い切られたことに、何やらゾクッとしました。

「もしも虐《しいた》げられている途上国の女の子が、戦う少女の映画を観たら、自分たちも戦っていいのだと気づくでしょう。映画だけではない、本、ドラマ、アニメ。物語を伝えるコンテンツにはね、人間のマインドセットを変える力があるんです」


二次審査を通過しました。

三次審査は事業計画、予算書の提出、5分間のプレゼンです。530人以上が応募して、三次審査まで通過したのは30名弱。このあたりになると、メンバーも「もしかして……まさか……」と思い始めます。


事業計画書や予算書を、ロイ君やトミーが徹夜してつくってくれました。

「いいですか？もし2000万取れるとしたら、スライド1枚に200万の価値があるんです。そんなスライド、さおりさんにつくれるわけないでしょう」

と憎まれ口を叩きながら、ロイ君はスライドもつくってくれたのです。

スピーチを見てくれたのは、スピーチの神様ゆーや君。

「大丈夫、俺らなら勝てる」

日本財団の会場で行われた三次審査の会場には、二次審査の通過者と、夢AWARD事務局の方々が。会場の前には壇上とスクリーン。いちばん前の席に、二次審査のときの選考委員の方々と、夢AWARD全体を演出する演出家古谷さんがズラリと並んでいます。5分間プレゼンは、二次審査のときの選考委員4名と、古谷さんの前で行います。

緊張で足が震えました。スマホを見ると、LINEが1通。ゆーや君からでした。メッセージには一言だけ。

「be yourself」

あなたらしく——。

過去には自分を180度変えようとしていた時期もあったけれど、自分らしくでいいのだと思うと強くなれる気がしました。

そして、自分の中で自分のプレゼンは完璧な状態で終わりました。でも皆さんの夢もとても面白くて応援したくなり、プレゼンもうまく、「あの人はファイナリストだな」と思える人が少なくとも10人はいたのです。

——残れるのはたった7名。

この中でファイナリストに残るのは難しそうです。

まあ無理だろうなと思ってはいながらも、心の中で希望は捨てられません。脚本家コンクールに応募していた頃と同じ気持ちで、発表が出てやはりダメだったとわかるまでは、わずかな希望に毎日そわそわしていました。

敗者復活戦

夢ＡＷＡＲＤ事務局から、ファイナリストが発表される日が延期になったと連絡が来ました。ホームページにもその旨が出ています。

その後、事務局担当の美女、平尾さんから、〈ファイナリストの選考が競っていまして、教来石さんともう一度面接をしたいそうです〉という日程調整の連絡が来ました。そして、〈また、演出家の古谷さんより、カンボジアでの活動の様子がわかる映像や写真などを持ってきてくださいとのことでした〉とも。

余談ですが、夢ＡＷＡＲＤが終わったあと、みんなの夢ＡＷＡＲＤ主宰の渡邉美樹さん（ワタミ創業者・現参議院議員）とラジオ対談できる機会をいただきました。そのとき初めて、私は実は一度、三次審査で落ちていたことを知ります。

「僕は三次審査の事業計画書を見て、君を落としてるんですよ。あれじゃまだまだ形になってない。でもファイナリストの写真を見たら残ってるから、なんであの子が残ってるんだって聞いちゃったよ（笑）」

と冗談めかして言ったあと、

「どうやら周りからの強い推薦があったみたいです。応援されていますね」

と微笑《ほほえ》んでくださった渡邉美樹さん。それを聞いたとき、もしかして後押ししてくださったのは、「実は途上国を変えるのは映画なんです」とおっしゃってくださった竹井さんだろうかと思いました（あくまでも想像です）。

ファイナリスト5名はすぐに決まり、あとの2枠は実は隠れた敗者復活戦だと知ることもなく、私はこれがラストチャンスだと、過去の映像や写真をまとめて、東京駅のカフェへ挑みます。

待っていたのは演出家古谷さんと、総合プロデューサーの中川さん。

夢AWARDのステージでは、ファイナリストによる8分間のスピーチの前に、2分間の紹介ムービーが流れます。紹介ムービーをつくるのは、古谷さん。『情熱大陸』などの制作も手掛けてらっしゃる方です。恐らく敗者復活戦で古谷さんが見たかったのは、紹介ムービーがつくれるか、だったのではないでしょうか。

日本での活動なら撮影に行けばいいけれど、活動場所がカンボジアだと、素材はそう簡単には撮りに行けません。いま思うと、エントリーしたのがまったく同じ内容でも、写真や映像がなければ落ちていた気がします。

活動の最初の頃から、写真や動画を撮っておいてよかったと、元映画監督志望の私は思うのでした（すべて勝手な妄想ですが）。

数日後、事務局の美女平尾さんから、ファイナリストに選出された旨が書かれたメールが届きます。私がターザンなら雄叫《おたけ》びをあげる瞬間です。

魔法の羽

まさかのファイナリスト。日本武道館。万が一優勝したら２０００万円が団体に入るという状況。しかしながら、「日本武道館に一般市民が立って、今まで見たこともないような大人数の前で8分間のスピーチをする」という状況には、言葉では言い表せないようなプレッシャーがありました。

でも大丈夫。私にはスピーチの神様ゆーや君がついています。1周年イベントも三次審査も、ゆーや君のサポートがあったから成功したんです。

ところが……。

「ごめん。本当にごめんなさい。実は持病が悪化してきてしまって……。しばらく団体の活動をお休みさせてください。武道館が控えた大事なときなのに力になれなくて本当に申し訳ないです……」

と、スピーチの神様は、日本武道館の前に私を連れてきたところで手を放し、倒れてしまったのでした。

ゆーや君がいない……。私の中でスピーチに関して絶対的存在だったゆーや君がいない……。

「スピーチは、ゆーや君の指導があれば大丈夫」とすっかり依存しきっていた私は、ひゅるるるるると落下していきました。

ディズニー映画の『ダンボ』が、自分はこの羽根があるから飛べると信じ込み、飛ぶときはいつも鼻でキュッと持っていたカラスの羽根のことを思い出しました。ダンボがサーカスの舞台から飛び降りたと同時に羽根が風で飛ばされていきます。羽根がなくなったから飛べない！　と落下しながらダンボはパニックになります。落ちていくダンボの背に乗っていた、ダンボの親友でネズミのティモシーは、ダンボといっしょに落下していく中で、必死にダンボになんて叫んだんだっけ……。

ああ、そうだ。

魔法の羽根なんて嘘《うそ》だよダンボ！　君は自分の力で飛べるんだ――。

私はあのときのダンボのように、魔法の羽根がなくても自分の力で飛べるのでしょうか……。

スピーチの神様からの指導は受けられなくなりましたが、私にはたくさんの仲間がいました。本番まで2カ月の団体ミーティング。その日初めて、メンバーに8分間のスピーチを披露することになっていました。

「えー、初めまして。教来石小織と申します。33歳です。私がカンボジアに映画館をつくりたいと思ったのは……あ、好きな食べ物はイカで……そうそう、ケニアでは……」

話があっちに飛んだりこっちに来たり明後日の方向に行ってしまったり。自分でもよくわからなくなって途中で黙りこくり、そして終わりました。その日ミーティングに来ていたメンバー12名は愕然《がくぜん》としています。

……私はアドリブでスピーチができない人間です。スマートフォンで、あるいはパソコンの画面を開いてキーボードで打てる状態にならないと、いい言葉が出てこないのです。だから人とのコミュニケーションはだいたいLINEかメールかSNSで、電話は大の苦手。いくら親しい人からの電話でも出ることができません。

そんな私のスピーチはいつも、原稿を書いて、それを何回も読み上げて暗記して初めて、人前に出せる代物になるのです。三次審査用に書いた5分間の原稿はあるけれど、8分間スピーチ用の原稿はこのミーティングの日までに用意できませんでした。そのため即興でのスピーチをしてみたところ、やはり悲惨な状況になったのでした。

「さて、どうやってこの教来石に2000万を取りに行かせるか」

と腕組みをしたのはコースケ君です。

「今のスピーチについてどう思う？　何が印象に残ってるか一人ずつ順番に言っていって」

メンバーは一丸となって、スピーチにダメ出しをしてくれました。

「何が言いたいかまったくわかりませんでした」

「手がもじもじしてるのが気になりました」

「指の動きが目障り」

「顔が気持ち悪いと思いました」

「僕が審査員だったら落としてると思います」

……厳しさは、愛。ゆーや君と違って、褒めて伸ばすタイプの指導ではない……。辛《つら》い……。

映画と子どもと途上国

２０１４年12月。夢ＡＷＡＲＤ本番に向け、スピーチのブラッシュアップを行うため、湘南国際村センターでファイナリストたちの合宿が行われました。

一人ずつ順番にスピーチして、古谷さんや竹井さん、ファイナリストたちからスピーチに対する意見やアドバイスをもらうのです。

合宿では、スピーチをブラッシュアップするための竹井さんの講義も受けることができました。

その中で、竹井さんはこんなことをおっしゃっていました。

誰もが自分の中に価値観を持っている。幼少期から大人になるまでに、誰でも何かの価値観を持つものだ。たとえばスティーブ・ジョブズは12歳で最初のコンピューターに出会う。そしてヒッピーだったこともある。彼の中にあった価値観は恐らく「ＩＴ」×「フリーダム」。だからiPhoneが生まれた、そんな話でした。そして「人は誰も、自分の中にある価値観から逃れることはできない」と竹井さんは話されました。

なんだか腑《ふ》に落ちました。私は今まで何をやっても続かず飽きっぽい人でしたが、もしかして今の活動を一生続けていけると信じて疑わないのは、私の価値観とピッタリ合っているからかもしれないと思いました。恐らく私の価値観は「映画」×「途上国」×「子ども」になるのではないかと思います。

愛すべき鬼たちへ

合宿から帰り、原稿を練り直しました。

「皆様、初めまして。教来石小織と申します。今日はこうして日本武道館で皆様にお目にかかることができて、大変嬉しく思います」

自信のある原稿でしたが、メンバーからはまたダメ出しが。

「最初に挨拶から始めるなんてダサいです。いいですか？　時間は８分しかないんです。紹介ムービーでも紹介されるであろう名前を、また自分でも言う必要はないんです。もったいない。スピーチはつかみが肝心なんです」とコースケ君。

書き直し。またダメ出しを受けて書き直し。結局、本番までに20回以上書き直すことになります。

週１、２回のペースで会議室やカラオケルームでスピーチ練習が行われ、会えないときはスピーチを動画に撮って、スピーチ動画をFacebookにアップする指令が。そこにも厳しいご指摘が書き込まれます。スピーチ中の手の動きが気になる。教来石は動き回ると変だから、直立不動のほうが合っている。早口になる傾向があるなど皆からさんざん言われました。

本番１週間前になっても、誰一人褒めてくれないのです。

〈今、私に欲しいのは自信です。誰も褒めてくれないなら練習に行きません〉

と子どものようなメールを打って練習を逃亡する事件もありました。

そしてもう一つ、板挟みになっていることがありました。それは古谷さんからの提案でした。カンボジア中に映画配達人を生み出して映画を届けるというのは、正直わかりにくい。

古谷さんが提案してくれたのは、「一度映画監督を諦めた人間がカンボジアの子どもたちに会って、もう一度映画を撮りたいと思い、その映画製作費を夢ＡＷＡＲＤで取る」というストーリーでした。そのほうがわかりやすいし会場も沸くだろうと。

私に映画監督の才能はないし、映画は私でなくても撮れるし、映画を１本撮る時間とお金があったら、その時間とお金で何人の子どもたちに夢の種をまけるんだろう、と思ったのですが、協賛がつく可能性が高いほうがいいんじゃないか…。と揺れ動きました。それにだんだん、映画をつくりたくなってきた気もする……。

と言うと、団体の緊急会議が開かれました。渋谷の会議室に、メンバーが続々と集まってきました。そして糾弾されました。

「俺たちは映画をつくりたくて集まってきたわけじゃない！」

「日本武道館で皆の前で話をしたら、つくらないなんてわけには、いかなくなるでしょう」

「さおりんは誰の意見を信じるの？」

誰の意見を信じるか……。

「夢AWARDに関していえば……過去の夢AWARDをずっと見てきている古谷さんの意見が正しい気がする……。それに私、カンボジアの子どもたちを見ていたら、いい映画をつくれそうな気がしてきたの……」

と、答える私。

「団体背負ってエントリーしてるのに、自分のやりたいことを言うっておかしくないですか？」

とコースケ君。

「でも、でも、カンボジアの子どもたちに映画を届けるのって何がいいのか、普通の人からしたらわかりにくいから、夢AWARDでは映画制作のほうがいいのかも……」

話は平行線。

「もういいですよ。この人言い出したら聞かないから。好きにしてください」

気まずい雰囲気でミーティングが終わり、渋谷駅に向かうことに。そのとき私の隣を歩いていたのはまこっちゃんです。

1周年イベントのすぐ後、たまたま私が書いていたブログを読んで、キャティックに参加してくれるようになったまこっちゃん。普段は大企業で財務の仕事をしています。誠実で真面目《まじめ》で、いつも場の空気を楽しくさせようとしてくれるまこっちゃん。まこっちゃんと並んで歩いていて、横断歩道の前で止まったとき、まこっちゃんは言いました。

「ねえ、さおりさん。古谷さんは夢AWARDを盛り上げることが仕事だから。みんなの前でさおりさんが映画を撮ると宣言してしまって、もし撮れなかったら、責任はすべてさおりさんにあるよ。僕たちは夢AWARDの前も後も、いっしょにやってきて、これからもいっしょにやっていく」

さっきミーティングしていたときには頑《かたく》なになっていた心に、横断歩道でポツンと放たれたまこっちゃんの言葉は、素直に入っていきました。

「カンボジアの子どもに映画を届けることの何がいいのかわからなければ、こんなに人は集まらないし、みんな休日に時間を取ってあそこまで議論を白熱させることはないと思う」

最後に信じるもの

会社が終わってから、毎晩スピーチ原稿と向き合いました。

「さおりんは誰の意見を信じるの?」

と言っていたメンバーの声がよみがえります。

ゆーや君だけに意見を聞いていたときは、絶対的にゆーや君のことだけを信じていればよかった。

「いろんな人に意見を聞きすぎると逆にわからなくなるよね」と誰かが話していたときに、その通りだと思いました。なんでこんなにたくさんの人に意見を聞いてしまったんだろう。新しい意見を言われるたびに私は彷徨《さまよ》い、方向性を見失っていきました。でも、「さおりんは誰の意見を信じるの？」の答えを突き詰めていたら、誰を信じるべきなのか、わかってきたのです。メンバーに、古谷さんに。これだけたくさんの人に意見を聞いてしまったから、誰かをエコヒイキするわけにいきません。みんながそれぞれ、自分でいいと思う意見を言ってくれているのです。そこに嘘はなく、本当に良くしようと思って言ってくれているのです。

ただスピーチは8分間。どれを取り入れるか、集約するのか、はたまた削り落とすのか。人に依存してばかりの私でしたが、最後は自分の判断と責任で決めなくてはいけないのだと思いました。たくさんの人に意見を聞いてしまったからこそ、最後に信じるのは、自分です。

考えました。恐らくいちばん大切なことは、協賛企業でも2000万でもなく、その手前にあること。多くの人の心に語りかけ、共感を得ることができれば優勝の可能性があるのだから、意識すべきは観客です。

初めて私たちのことを知る大多数の人にも、わかりやすく、メッセージがスッと心に届くスピーチにしなくてはいけません。スピーチを聞いた人が一瞬でも疑問に感じると、そこからメッセージは届かなくなってしまうと思いました。

映画を観ていて、「ん？　今の登場人物の言動、矛盾してない？」と思うと、そこから感情移入できなくなってしまうことが多々ありました。一瞬の疑問も感じさせず、8分間最後まで聞き入らせる原稿にしなくてはいけません。

たとえば10年前に行ったのが「ケニア」だと言うと、「なんでケニアだったのにカンボジア？」と疑問が湧くでしょう。でもそこを説明するために、「ケニアは遠かったので、カンボジアにしました」と説明する時間はもったいない。「最初の上映では上映権を取っていなくて」と言ったら、「映画には上映権というものがあり」という説明も入れなくてはいけません。時間を取ってしまうし、夢ＡＷＡＲＤに来ている人は、上映権のことを知りに来ているわけではありません。でも、上映権を知っている人からしたら、そこに触れないと、無断でやってるのかなと疑問を抱かせてしまうことになる。夢は映画監督の後に脚本家に転向したけれど、そこのストーリーはこの場合必要だろうか。

無駄をそぎ落とし、シンプルに、わかりやすく。そして、みんなからもらったアドバイスでいいと思ったものを取り入れて。メッセージをまっすぐに。１文に、声に出される１秒に、魂を込めて原稿を書き上げていきました。

そして迎えた本番当日。

第5章

ボレロ

日本武道館の舞台

２０１５年2月23日。雨。日本武道館。

前日は眠れませんでした。

「日本武道館には魔物が住んでいる。何が起きるかわからない」と竹井さんと古谷さんが話していた言葉がよみがえり、武道館の中央に立った私に、緑色で唇が分厚い魔物が息を吹きかけ、覚えていたスピーチを吹き飛ばされるイメージが離れず、怖くて眠れなかったのです。スピーチ原稿は、私が今まで書いたものの中で間違いなく最高のものでした。何度も練習しました。でも、それが吹き飛んでしまったらどうしよう。

ダメだ。いいことだけ考えよう。大丈夫、私は本番に強い。１周年イベントのスピーチもうまくいったし、三次審査のスピーチも間違えなかった。大丈夫だ。私は本番に強い。悪いイメージが脳裏に浮かぶたびに、本番に強いと暗示をかけることを繰り返し、結局寝つけなかったのでした。

ファイナリスト7人のうち、武道館で行われた直前のリハーサルでも古谷さんから注意されたのは私だけ。「お願いだから、声、もっと大きくね」と。私の小さな声は演出家チームにとっては問題で、「マイクのボリューム、目いっぱい上げますけど、それでも日本武道館中に届かせるのは無理かもしれません」と懸念されていたのです。

日本武道館の裏側は、方向音痴の私にとっては複雑でした。控室からトイレに行くたび、控室どこだっけと毎回グルグルしているうちに時間が経《た》っていきました。応援席に駆け付けてくれたカンボジア人留学生のリナちゃんから、「さおりさん頑張れ！」とＬＩＮＥが来たので、「ありがとう！　緊張するよ」と返すと「大丈夫、頑張れ」と、リナちゃんの応援がまた来て、「あれ……終わらない……」とかれこれ30ターンくらいしているうちに、事務局美女平尾さんより、そろそろ舞台裏で待機してくださいとの連絡が入りました。

私の紹介ムービーが流れ始めました。日本武道館にナレーションが響き渡ります。

「カンボジアで日本人がニュースになった。貧しい農村部に、移動映画館がやってきた。上映作品は日本のアニメーション。映画を初めて観る子どもたちがほとんどだった。主催したのは教来石小織、33歳」

カンボジアのテレビに取り上げられたときのニュース映像が流れます。もうすぐ紹介ムービーが終わる。あと1分で私は舞台へ。吐きそう。ダメ。吐きそう。

私の後ろでは、大トリを飾る岡田さんが控えていました。

宇宙のゴミを掃除するという壮大な夢を持っている岡田さんは、TEDはじめ世界中の舞台で登壇しているためか落ち着いています。

「岡田さん……。吐きそうです……。宇宙のパワーを分けてください……」

岡田さんはしっかりと握手して、言ってくれました。

「大丈夫ですよ。あなたならできる」

ファイナリスト登場の音楽が鳴り、係の人の合図で舞台へ。深々と一礼し、顔を上げます。

そしてその日私が行ったスピーチは、夢AWARD4の優勝者、吉藤健太朗さんにも、「鳥肌が立ちました」と言っていただけるものになるのです。何を起こすかわからない日本武道館の魔物は、私に微笑《ほほえ》んでくれたのでした。

ほんの少しだけ、ご紹介させていただきます。

運命のスピーチ

「私には、お金も権力も、特別な才能もありません。

一人暮らししている6畳のアパートには、テレビと洗濯機がありません。でも、夢があります」

「私の夢は、生まれ育った環境に関係なく、子どもたちが夢を持ち人生を切り拓《ひら》ける世界をつくることです。そのために、カンボジアの農村部に映画を届ける映画配達人を100人生み出したいと考えています」

「子どもたちは、こんな顔で映画を見てくれたんです。タヌキのお母さんの行動にお腹を抱えて笑ったり、お母さんと少年が別れるシーンでは、ボロボロと涙をこぼしたり。最後には拍手をしてくれました。この光景を見たとき、私はこの活動を一生続けようと決意しました。なぜなら初めてだったんです。私の人生で、こんなにもたくさんの人たちに喜んでもらえたのは。

誰かに何かをしたくてカンボジアに行ったのに、逆に幸せや生きる希望をもらったのは、私のほうでした」

「大人たちが、タイに出稼ぎに行く村で暮らしているピーちゃん。ピーちゃんは将来の夢を聞いたとき、先生になりたいと言っていました。でも、映画を観たあと、こんなことを言ったんです。

『夢が変わりました。私は、映画をつくる人になりたいです』

その瞬間、私は、この活動は、夢の種まきなんだと思いました。カンボジア中に、さまざまな映画を届けて、夢の種をまきたい」

「映画の数だけ、夢の数が増えるんです。
――皆様、どうか、私たちといっしょに夢の種まきをしてくださいませんか?」

大団円

高揚した気持ちで、やはり迷いながら控室に戻ってスマホを見ると、たくさんのメールが届いていました。カンボジア人のリナちゃんから、「感動した!」、メンバーからは「かっこよかった!」「泣きました!」など続々とメールが届いていました。みんなから、初めてこんなに褒められました。団体のホームページの問い合わせフォームから、「感動しました! 教来石さんのNPOに参画させていただきたいです!」というメッセージも。

震える指でメッセージへの返信を書いていると、シャンティの鎌倉さんから「すごい! 会場投票の結果は現在ダントツでトップです!」とメッセージが。

あとから、会場票トップが決まった瞬間、メンバーたちが泣きながら歓声をあげていたことを知りました。初対面同士の母のご友人とメンバーが手を取り合って喜んだことも。

スピーチ中、何度も右の3階席にある応援席の方向を見ました。どこが自分の応援席かわかったのは、以前派遣社員として働いていた会社の皆様が、横断幕をつくって掲げてくださっていたからです。でも舞台にいると3階からの歓声は聞こえてこず、あとから「教来石さんの応援席の人たちが一丸となってる感じで、応援がすごかった」という話を聞いて泣きそうになったのでした。

そして、審査員の審査結果も出て、まさかの優勝。

日本武道館の舞台のいちばん上で思いました。10年やっても脚本家大賞でグランプリになることはなかったけれど、まさかこんなところで人生初の優勝をいただけるとは。

でも、一人ではできなかった。一人では取れなかった。みんながいなければここまで来れなかった。

舞台の上から、メンバーはじめ今まで応援してくださった方たちがいる応援席をずっと見ていました。

そばにいてくれて、ありがとう。

夢AWARDが終わり、メンバーたちがご支援者の方たちと打ち上げを始めている日本武道館近くの懇親会会場に走りました。

貸し切りのイタリアンのお店で大団円。マイクを手に会場を盛り上げているコースケ君、隣で笑っているロイ君、端っこでクールに微笑みながらビールを飲んでいるトミー、皆にビールをついで回る、2014年3月からのメンバー、フライパン。そして、ゆーや君。ゆーや君も見に来てくれていたのです。

みんな、みんないます。甲斐社長、亀山アニキ、山田さん、応援してくださった方たちもみんな来てくださって、そして笑っていました。

打ち上げ会場で泣くかなと思ったのですが、気分は最高潮に高揚しているものの、積み重なった緊張で体が凝り固まっていて涙が出せず。

打ち上げが終わり一人暮らしの部屋に帰り、やっとゆっくり眠れると思いきや、たくさんのお祝いメールの返信と、優勝の興奮で寝つけず。念のため翌日も有休にしていたので、始発になるのを待って、千葉の実家へ帰ることに。明け方6時にもかかわらず、LINEを送ると母は車で駅まで迎えに来てくれました。

助手席に乗ってドアを閉めた途端、母がボロボロと泣き出し「頑張ったね」と。それを見て私もやっと泣いたのでした。

それから間もなくして、夢AWARD選考委員だった竹井善昭さんが、ダイヤモンドオンラインの連載記事で、「夢AWARDに優勝したのは、カンボジアの貧しい農村で映画上映会を展開する映画配達人、教来石小織さんだった」という冒頭から始まる、こんな記事を書いてくださいました。

〝途上国支援の本質を理解していない人は「なんだ、単なる映画上映会か」「単なる娯楽の提供か」と思うかもしれない。しかし、教来石さんの取り組みは、途上国支援の根幹に関わるものなのだ。それは、「映画を届けること」が「夢を届けること」になるからだ。映画を見ることで、カンボジアの子どもたちは新たな夢を獲得できるようになるのだ。

よく誤解されるが、途上国の子どもたちが夢を持てないのは貧しいからではない。夢を持つだけの情報がないからだ。多くの人が途上国の子どもに尋ねる。「将来の夢はなに？」と。するとほとんどの子どもたちは教師とか医者とか答える。その答えを聞いて、先進国から来た人間は「途上国の子どもたちの夢は素晴らしい!!　人の役に立つ仕事を夢みる子どもたちばかりだ」と感動する。しかし、事実はそうではない。

子どもたちが、将来の夢として教師とか医者とか答えるのは、それしか知らないからだ。映画館はおろか、テレビもないような村に住んでいる子どもたちは、世の中にロックスターとかクラブＤＪとか、ファッションデザイナーなどという職業があることなど、それこそ夢にも思わない。思えない。子どもたちが知っている職業とは教師と医者くらいなもので、だから将来の夢を聞かれてもそう答える。そう答えるしかないのだ。

たとえばある途上国の少女だが、彼女は日本から来たテレビタレントに向かってこんな話をしたことがある。

「NGOが学校に図書館を建ててくれて、本を読むことができるようになった。私は本を読んで、この世の中に弁護士という職業があることを初めて知った。私も一生懸命勉強して弁護士になって、この国やこの村のために役立つ人間になりたい」

つまり、「知らない夢は抱けない」ということだ。

〝人は飢えても尊厳を失わなければ戦える。しかし、食料があっても、尊厳を奪われた人間は戦えない。だから、誰かを支配しようとする人間は、誰かの尊厳を奪おうとする。逆に言えば、夢を与えることとは、奪われた尊厳を取り戻すということであり、自由に向かって歩み始めることができるということだ。〟

では、夢はどこから来るかというと「物語」からだ。ナイチンゲールの物語を読んで看護師に憧れる、看護師になる夢を持つといったことだ。日本がロボット大国になったのは手塚治虫の功績で、鉄腕アトムがいまの50代のロボット技術者の夢を育《はぐく》んだ。そんな話を30代とかアラフォーの技術者や研究者としていると、彼らはガンダムだという。まあ、そんな感じだ。人は物語のなかの登場人物を通じて、価値観や世界観を獲得し、夢を育む。〟

〝途上国支援においても物語は重要だ。途上国支援の最重要課題は女性の解放だが、それにはまず、女性自身のマインドセットを変える必要がある。夫の許可なく買い物に行ってもいい、女の子でも学校に行って勉強をしてもいい、と主張する。そのようなレベルからマインドセットを変えていく必要がある。

そのために最も有効なものが、テレビドラマと映画なのである。

イタリアの開発学者エリアナ・ラフェラーラの研究によれば、『グローボ』という、子どもが少ない女性が主人公の人気ドラマがブラジルにはあるが、ケーブルテレビが開通してこのドラマを見ることができるようになると、その地域の出生率が下がるという。また、別の研究によると、インド南部の農村にケーブルテレビが入ると、自立しようとする女性が増えるという。

日本も戦後、アメリカのホームドラマが入ってきて、それで家族観が変わり、家族のあり方も変わった。日本ではそのことの弊害も生まれてきているが、アメリカ製のドラマや映画に大きく影響されたことは事実だ。

このようにドラマや映画を子どもたちに見せることは、途上国支援においても非常に重要なのだが、日本社会ではそのことはあまり理解されていない。途上国に学校を作ったり、給食を配ったり、ワクチンを提供したりと、もちろんそれも重要だが、人としての尊厳を与え、希望を与えるためには、夢を育む物語を提供することが大事なのだ。

今回の夢AWARD5で教来石さんはアワードを受賞しただけでなく、会場のオーディエンスによる投票でも1位を獲得した。映画が途上国の子どもたちに夢を与えること、そのことが子どもたちにとっていかに大切なことか、多くの人に理解され、共感されたということだ。個人的には、アワード受賞より、このオーディエンス投票1位のほうが、大きな意味があると思っている。〟

（「途上国支援で忘れがちな、給食やワクチンより大事なこと」より引用）

ソーシャル・ビジネス

「出資か融資？」

夢AWARDが終わってから初めてのミーティングは2015年3月。出席率も良く、2000万円の使い道について話すと思って来ているメンバーも多いようでした。メンバーたちの期待に満ちた眼差《まなざ》しが注がれる中、気まずそうに謝る私。

「はい……。ごめんなさい……。私勘違いしてました。なんかですね、2000万円は賞金じゃなかったんです……」

よく見ると、舞台でもらったパネルにも、応募要項にも、「〝最大〟2000万円分の〝支援〟」と書かれているではないですか。

あとから、出資か融資の対象は「株式会社」であること。なのにまさかの会場票で「NPO」である私がうっかり優勝してしまったことを知りました。

「夢AWARDが終わったあと、渡邉美樹と車の中で、『どうしよっか……』ってため息ついてたんだよ（笑）。渡邉が、あの子はとても純粋な目をしてるから、なんとかしてやってくれって言ってた」

と、三軒茶屋の「ＧＯＨＡＮ」でご飯を食べながら、プロデューサーの中川さん。

中川さんは私たちの活動に、財務的、経済的な持続可能性がないことをご指摘くださいました。寄付して終わるだけでなく、きちんとしたソーシャル・ビジネスとして持続できる活動になってほしいと。確かに、そうしないと２０００万円があっても、あっという間に使い切るだけで終わってしまうでしょう。

２０００万円が賞金だとすっかり誤解してしまったことで、メンバーたちはガックリと肩を落としていました。貧乏団体から脱出できたー！　という喜びは幻だったのです。その後メンバー内では、「うちは株式会社になれないし、さおりさんが社長になるのは無理だから、出資か融資の話は断ったほうがいいんじゃないかな」という雰囲気に。そんな中、夜になって、ＬＩＮＥが届きます。

〈ＮＰＯだろうと会社だろうと、社会を変える手段であることに変わりはない。さおりんが会社つくるなら、俺今の会社辞めてそっちに行ってもいいよ〉

メッセージをくれたのは、メンバーのノブ君でした。

革命児

ノブ君と出会ったのは2014年10月頃。「Sui-Joh（スイジョー）」という、とても素敵なシャツや鞄《かばん》をつくっているカンボジアのブランドがあります。立ち上げた浅野佑介さんの人柄も、可愛いシャツや鞄も大好きで、団体のユニフォームもつくっていただきました。夢AWARDのときに白いポロシャツを着ていたのですが、Sui-Johさんにつくっていただいたものでした。

そのSui-Johさんが日本で展示会をすると大野さんから連絡を受けて、私もお邪魔したのです。

大野さんは、カンボジアに関わる日本人なら知らない人はいないと言われているくらいの方。不思議な雰囲気を持つ方で、人と人のご縁をつなげていく名人なのです。浅野さんを初めてご紹介くださったのも大野さんでした。

展示会のあとの懇親会。浅野さんと大野さんを囲み、焼肉を食べに行きました。そのとき、私の前の席に座っていたのがノブ君でした。ノブ君は、浅野さんがフィリピンに留学していたときのお友達とのこと。サラダを取り分けたりと気が利く感じの青年でした。

「教来石さんは、あれですよね、カンボジアの子どもたちに映画を届ける団体の代表をされてるんですよね」

大野さんが紹介してくださると、ノブ君が意外そうな顔をして、

「へえ、代表なんですか。その団体って何で検索したら出てきます?」

と興味を示してくれたのです。

そして2015年1月頃からキャティックに参画。私より7歳年下。普段は某企業の経営企画室にて活躍しているこのノブ君が、キャティックに次々と革命を起こしていくことになるとは思いもしませんでした。


「え? 2014年3月以降、一回も映画届けてないんですか?」

とある日のカフェにてノブ君。

「うん……。会社休めないし……。上映の機材セッティングできるのはコースケ君とロイ君だけだから、どちらかと休み合わないと行けないし……。でも二人とも

忙しいし……。休みがあっても……私……貯金ない……」

チョコチャンククッキーを口からこぼしながら私。

「は？　NPO法人ですよね？　大学のサークルじゃないんですよね？　支援者から寄付金もらってるんですよね？　カンボジアの子どもに映画届けるためにもらってて上映行ってないとか詐欺じゃないですか？　上映とかプロジェクターをセットするだけなら誰でもできますよね？」

広島出身で広島なまりのノブ君は、「俺、中途半端なのダメなんですよ」と言い、「ちゃんとしよう」が口癖です。

ノブ君は夢AWARD5が終わったあと、影のフィクサーとなって団体内の改革を進めます。

日本で収益が出る仕組みを生み出し、カンボジアの子ども動員数を今までより増やすことなど、資金計画にてこ入れしてくれるようになり、その後のイベントで平均数万円の利益を生めるようになりました。

いっしょに映画を楽しもう！

毎月キャティックで開催している「いっしょに映画をみよう」という企画があります。映画サービスデーである毎月1日に、有志の方といっしょに映画を観て懇親する、というだけの内容です。

懇親会参加費として、途上国の子ども一人が映画を観られる１００円の寄付をもらうという形にしていましたが、１００円くださいというのがなかなかできない自分がいました。

『いっしょに映画をみよう』を進化させよう」

いつしかすっかりタメ口になっていたノブ君が言いました。

「俺さ、最初に東京に来たとき、友達もいないから、猫町倶楽部《クラブ》って読書会に行ってみたことあるんだよね。一冊の本をテーマに、著者とか関係ゲストを呼んでトークショーとかやるんだけど、これ、めっちゃ人集まってるんだよね」

ノブ君曰《いわ》く、これの映画版をつくったらどうかということでした。

「たとえば、『いっしょに映画をみよう！』で映画を観たあとに、その映画にまつわるゲストを呼んだトークショーも抱き合わせにしたらどうだろう？　数学者の映画だったら、数学の専門家を呼ぶとか」

「それいい！　面白そう！」

カンボジアでやってるワークショップとも似てる！　ということでノブ君のアイディアに、いっとき盛り上がりました。

吹いてきた新たな風

ノブ君のこのアイディアを、まず最初に形にしてくれたのがメンバーのみゆみゆでした。大学3年生でアパレル系のアルバイトをしているみゆみゆは、困り眉が特徴の、とても可愛い女の子。

最初にミーティングに来たときの自己紹介で、

「スイーツとかバービーが好きです」

と言っていて、見た目を裏切らない女の子らしさに感動したものです。

「キャティックってインスタグラムはやってないんですか？」

と、自らキャティックのインスタグラムをつくって更新してくれるようになったみゆみゆ。あまりのセンスの良さに脱帽。そのインスタグラムでファンになってくれる方が増え、インスタグラムを見ていた大阪の企業様がスポンサーになってくださるなどの奇跡を起こします。


そんなみゆみゆが中心メンバーの一人で上智大生のフライパンとともに企画してくれたのが、２０１5年8月に開催されたイベント。「映画の世界をより深く！『それでも僕は帰る～シリア　若者たちが求め続けたふるさと～』を鑑賞後、シリアの現状を知るフォトジャーナリスト川畑嘉文さんと映画について語ろう」という企画です。

映画が上映された渋谷アップリンクから、トークショーが行われる会場、ブライトンスタジオ代官山までの距離は片道徒歩約20分。会場の遠さを懸念していたのですが、他に見つからず。みゆみゆは真夏の暑い日に、映画館と会場を二往復してお客様を案内するなど大奮闘。ゲストの川畑さんも素晴らしい方で、今までにないイベントができました。私の中では成功！〝みゆみゆすごい！〟と思っていたのですが、みゆみゆは反省点を箇条書きにして、「次からここを改善します！」と言っていました。

次にみゆみゆが企画したのが10月。同じくブライトンスタジオ代官山にて。イベント名は、「シークレット・ムービーナイト」。屋上で行われる野外上映会です。

実はその昔、私は奇《く》しくも同じブライトンスタジオで、「渋谷星空映画祭」というのを開けたらいいなと途中まで企画していたのですが難しそうなので断念。それをみゆみゆは、いとも簡単に（簡単ではないけれど）成し遂げたのです。

みゆみゆの口癖は「イメージ」。

「イメージにピッタリで」「これはイメージに合っていなくて」など。そして、イメージを実現させる力を持っていました。状況に合わせて、別のイメージを組み立てる柔軟性もありました。

シークレットムービーナイトが開催された日は晴れで暖かい日。翌日はとても寒い日になりました。この子は「持ってる」、と思いました。

みゆみゆは、2015年9月にカンボジアへ映画を届けに行っています。このとき、『劇場版 ゆうとくんがいく』の上映後、サッカーのワークショップを行ったのですが、女の子があまり参加できなかったと聞いたみゆみゆは、

「ワークショップでは、映画とは関係ないけれど、女の子も楽しめるように、女の子にはメイクアップ・アーティストとか、美容師さんとかの職業があるんだよって教えられたらいいなと思って。グリッタータトゥーも持っていきます」

と企画してくれました。

上映前に、子どもたちの心をいかに開かせるかも重要なのですが、みゆみゆのアイディアは大当たりで、子どもたちは大喜び。すっかり日本人のお兄さんお姉さんに心を開いた状態で、映画鑑賞に移っていくことに。

みゆみゆのような若い芽が出てこられるような土壌を整えてきてくれたメンバーに、心から感謝しました。

次世代にも3Aを

次にみゆみゆが企画したのが、2015年12月5日。『スター・ウォーズ』公開前に向けたファンの集いです。12月18日の全国一斉公開に先駆けて、ファンの皆で集まって、スター・ウォーズについて語り合おうという会です。定員は20名。タイミング的にも面白いと思いました。

が、人が全然集まらなかったのです。「シークレット・ムービーナイト」は早々に満席になった経験があったため、みゆみゆは落ち込んでいました。みゆみゆは、スター・ウォーズに詳しい方に、企画のどこがいけないか相談してみました。

先方はお忙しいにもかかわらず、とても丁寧で思いやり溢《あふ》れるご返信をくださいました。

〈辛辣《しんらつ》なことを言うようですが、企画になっていないですね。これではファンは集まりません。漠然とスター・ウォーズの話をしようと言われても、ファンたちはこのような話を嫌というほどしてきていて、今さら話すことはないんです。もしイベントを成立させるとしたら、エサが必要です。スター・ウォーズ言論界のちょっとした有名人など（河原一久さん他）。客観的に言うなら、今回のこのイベントは畳んだほうがいいかな、と思います。ここで無理せず、早めにお店にキャンセルしたほうが痛手は少ないかな〉

みゆみゆはますます落ち込みました。

「アドバイスいただいた通りです……。会場をキャンセルして、企画は畳もうと思います……」

これはもう、言うしかありません。

「諦めたらそこで試合終了ですよ」

『スラムダンク』の安西先生の名言です。

「みゆみゆは、シークレットムービーナイトの定員がすぐに埋まったから、今は全然人が来なくて焦ってるかもしれない。あのね、キャティックを始めたとき、アンコールワットを20年近く修復してる方が、夢に向かって進むには、３Ａを大切にするといいですよと教えてくれたの。焦らない、あてにしない、諦めない。うまくいかないとき、私はたいてい焦っていることが多い」

「そう……そうですよね……！　諦めたら試合終了ですよね。実は私の高校、『スラムダンク』のモデル校なんです！」

なんと。

「やめるのは簡単だけど、今後次にまた同じ問題が出たときに、またやめないといけなくなる」

とノブ君。

「ここで、就活の観点から一つ話すね。就活とかでうまくいってる人って、たくさんのことを経験してる人より、一つのことを粘り強くやってる人なんだよね。なぜかと言うと粘り強くやってるから成長してるんだよね。いろいろたくさん経験してますアピールは落ちるよ。俺もそうだった。こういうタイプの大半は、同じ問題にぶつかるたびにやめて、新しいことをやってるだけ。キツイと思うけど頑張ろう」

そんなやり取りをしていたところ、メンバーの一人が、画期的なアイディアを出してくれました。

「僕は『スター・ウォーズ』をまったく観たことないんです。『ハリーポッター』もそうだけど、シリーズものは一切観てません。有名だし、話題になってるから観たいけど、シリーズ化されてると面倒臭いから結局観ないことがほとんどです。でも、今度は『スター・ウォーズ』の新作が上映される。いい機会だから過去のを全部観てから新作に挑もうと思ったんですが、過去作品が6本もあるし、どれから観ていいかわからない。本物のファンじゃなくて、僕みたいな人をターゲットにしたイベントにするのはどうでしょう？」

そしてイベント名は「1時間でわかる『スター・ウォーズ』！ ～エピソード7公開直前！ みんなでシリーズをおさらいしよう！【ゲスト：河原一久氏、司会：

伊藤さとり氏】」に急きょ変更となりました。ゲストと司会が豪華です。

『スター・ウォーズ』の字幕監修をつとめ、『スター・ウォーズ』研究の第一人者である河原一久さん。ゲストになっていただけないかと、みゆみゆが連絡しようとしてみたところ、連絡先がわからずにいました。するとベストなタイミングで、メンバーののぞみさんからみゆみゆに、「友人の友人である、河原さんという方が、本企画に興味を持っています」と連絡が来たのです。

のぞみさんは、世界一周しながら世界各国でスパメニューを修得し、都内でプライベートサロンを開いています。極上のマッサージ技術を持ち、おもてなし力、気遣い力が人の10倍以上ある方で、そんな性格だから交友関係も幅広く、人望もあり、ありとあらゆるところに人脈を持っているのです。

そして、みゆみゆが打ち合わせで河原さんとお会いしたところ、信じられないくらいいい方で、その場で著名な映画パーソナリティの伊藤さとりさんに電話し、当日のイベントの司会として、チャリティーでお越しいただけることになったのです。

すると今度は定員をオーバーしてしまい、5日前になって急きょ会場を変えることに。

慌てて有吉社長にSOSを出しました。有吉社長は、内装事業を手掛けるソーケングループの二代目。CSRへの想いが強く、イベント時に「ソーケンソーシャルサロン」を無料でご提供くださったり、キャティックの応援イベントを開催してくださったり、チラシやロゴもつくってくださるなど大変お世話になっている方です。

ソーケンソーシャルサロンの椅子はすべてハーマンミラー社のもの。河原一久さん、伊藤さとりさんという豪華ゲストを迎えてイベントをするならここしかない！とダメ元で連絡。有吉社長は急な依頼にもかかわらずご対応くださったのです。

当日イベントは満員御礼の大盛況。

こちらから諦めるなと言っておいて、これが成功体験にならなければどうしようかと思っていましたが、みゆみゆは、私が思っていた以上にやはり「持ってる」子だったのです。

みゆみゆは、一般社団法人日本ギャップイヤー推進機構協会のエッセイ集、フロンティア・フォーラムのコーナーに、こんな寄稿をしてくれました。

〝友人たちがインターンに行く頃、私はイベント準備に奮闘していた。私にとって、周りと同じ行動をすることは安心である。逆に何か周りと違うことや当たり前と違うことをすることは少し不安で、時に勇気も必要となる。前者と後者、どちらを選ぶのが正解なのかはわからない。しかし、一つ言えることは、選んだ結果がどうであれ、信念を貫いて選んだ後者では前者よりも遥かに大きな〝充実感〟を得ることができるだろう。社会人になる前に経験するべきなのは安心感ではなくこの〝充実感〟なのかもしれない。結果がどうであれ、私は残りの学生生活も充実させるため、信念を貫いてこの活動に取り組みたいと思う。〟

うるうるしました。カンボジアで子どもたちに会ったからなのか、ノブ君の言葉からなのか、どこでみゆみゆが変わったかはわからないのですが、みゆみゆは予定していたインターンに行かず、この活動に専念してくれることになったのです。

「スイーツとバービーが好き」な女の子は、可愛らしさの下に信念を隠していた逞《たくま》しい女の子だったのです。

あなたへのお願い

2015年5月に、2014年3月以来の映画配達ツアーが行われることになりました。私は多忙により体調を崩していたことと、5月末に会社を辞めることになったため、初めてカンボジアに行くことができませんでした。

そして恥ずかしながら、現地ツアーでかかるお金や、『劇場版　ゆうとくんがいく』の吹替え版作成費などを捻出《ねんしゅつ》できていないことにハッとしたのは、メンバーたちが映画配達ツアーに行く2週間前だったのです。

どうしよう……。最低だ……。

「いいよ、いったん俺が立て替えとくよ」

とノブ君。

「ごめん……。クラウドファンディングでご支援を募ってみる……」

と私。気が重い……。またクラウドファンディングに頼るのか……。

「サッカーの長友選手が監修したサッカーアニメ」「サッカーの夢の種をまく」「株

式会社フォワード様ご協力のもと、カンボジアンタイガーのプロサッカー選手によるワークショップ実施と子どもたちへサッカーボール進呈」などを打ち出し、クラウドファンディングをすることにしました。時間がないのでモーションギャラリーを使わず、自分たちのホームページでの緊急実施です。

オープンすると、ご支援が少しずつ集まり始めました。けれど足りない。そして問題なのは、「2000万円もらった団体」だと思っている方も多いということでした。2000万円もらったのに、なんでまたクラウドファンディングするんだ、これ以上お金が欲しいのかと思われてしまう……。

「ダメだ。これじゃ集まらない……。友人知人に個人メッセージを送ろう」

と言われましたが、気が重い……。個人宛にクラウドファンディングの案内を送るのは気が重いのです。でも、そうしないと一社会人に過ぎないノブ君にとっての大金を返せない。胃が痛い……。

「個人アタックは……ちょっと待って……。ブログを……更新してみる……。そこで少し入るかもしれない……」

活動を始めて最初の頃から、弟に向けた手紙というコンセプトで更新していたブログがありました。ほとんど更新していなかったのですが、想いの丈をブログにぶつけてみようと思いました。そして、ブログを更新した旨を、Facebookに投稿するのです。いちばん人に見られる時間を狙って、いちばん〝いいね！〟がつきやすい写真と共に……。タイミング的に「ニュースゼロ」で紹介された放映が終わった後でしたので、写真は「ニュースゼロ」に出たときのものを使いました。

これを読んで、共感してくれる方がご支援をくださいますように。個人アタックはしたくないんです。お願いします。という願いを込めて、投稿。テレビ出演の写真にたくさんの〝いいね！〟がつきました。今までにないリーチ数。そして、リンク先のブログのアクセス数も伸びました。

その投稿後、ご支援くださる方がグングン増え始めました。そして、

〈あといくら足りないんですか？　私が残り全額払います〉

というメッセージが届いたときには震えました。

ゲームを変える

メッセージの主は、夢ＡＷＡＲＤで準優勝された岡田光信さんでした。大蔵省（現財務省）から戦略コンサルティング、ＩＴ企業勤務、通信ソリューション企業の設立を経て、２０１３年に「宇宙ゴミ」問題を扱う企業を設立されたすごい方です。

シンガポールにいる岡田さんと電話でお話しさせていただくことになりました。岡田さんはいろいろ相談に乗ってくださいました。

「教来石さんの事業を進めるのに、年間いくら必要になるんですか？　あなたの生活費も込みで」

「えっと、えっと、私の生活費も入れるとなりますと、私は年収２００万あれば充分なので、カンボジアで映画配達人を雇うのに、全部で４００万円くらいあったらいいかなと思います。あ、生活費は１８０万くらいでいいかもです……」

おどおど答える私。

「うーん……なるほど……。教来石さん、視点を少し上げてみませんか？」

「視点を……上げる……？」

「こう考えてみるんです。0の数を1つか2つ増やしてみてください。4000万あったら、4億あったらどんなことができますか？」

「4億あったら……」

「教来石さん、ゲームを変えましょう。たとえば今は、上映作品も先方に頭を下げてお願いしている状態ですよね。たとえばこれが、東南アジア全土になったらどうでしょうか。東南アジア全土に、映画配達人による教来石インフラが広がっていくんです。確実に村人が集まって映画を観るインフラが。すると今度はその教来石インフラに作品を乗せてほしい、CMを流してほしいという企業が現れるかもしれません。自分が優位に立てるゲームに変えるんです」

「ゲームを変える……」

「僕はお金集めに時間をかけるよりも、事業に集中したほうがいいと思うんですよね。壮大な夢を描いてください。壮大な夢には、お金が集まりますよ」

壮大なスケールの事業をされている岡田さんとお話ししたことで、「ゲームを変える」「ビジョンを大きく」を少しだけ意識できるようになった気がします。

その岡田さんの言葉が頭に残っていたためか、２０１５年9月、カンボジアで一人、『天空の城ラピュタ』のモデルになったと言われているベンメリア行きのトゥクトゥクに乗りながら、ハンバーガーを食べていたときでした。「World Theater Project」という言葉が降ってきたのです。いつかは、カンボジア以外の国、ミャンマーやラオス、パウロがいるケニアにも映画配達人を生み出したい。でも「いつかは」と言っていたら、いつまで経っても行けない気がしました。まだしばらくはカンボジアだけだけど、名前にはビジョンが込められていていいと言われている。だからプロジェクト名を「カンボジアに映画館をつくろう！」から「World Theater Project」に変えようと思いました。

途上国のあちこちに、即席の映画館を作り出していくのが「World Theater Project」です。

ビジネスか非営利か

２０１５年の春頃、株式会社白組の亀山アニキからオープンイノベーション促進協議会「ローマの市場にて」への出席をアテンドしていただいたりしたおかげで、株式会社設立の件について、私は多くの方に相談に伺いました。大変ありがたいことに、秋頃までの間に２００名以上の前でお話しさせていただき、個人的にお時間をいただいて相談のお時間をいただいたのは50名以上に上るかと思います。

ところが恥ずかしながらいろんな方に会ってお話を聞くたびに、わからなくなりました。夢ＡＷＡＲＤの原稿のときは、いろんな方の意見を聞いても最後は自分で決めることができたのですが、それは曲がりなりにも10年以上脚本を書いてきた知識があったからであり、ビジネスに関してはまったく知識がない中で、多くの方のお話を聞いても、あちらへこちらへと流されるだけの私がいました。

ビジネスセクターの方に話を聞くと、私は大義名分を掲げただけの物乞いかもしれないと思ったり、ＮＰＯセクターの方の話を聞くと、利益を求めるのは向いていていないと思ったり、あっちに揺れこっちに揺れしていました。

亀山アニキには、「2000万、取りに行くの？　どうするの？」とサイゼリヤで詰められました。忙しいのに時間を費やしてくださる亀山アニキの前で、私は「どうしましょう……」と言っては黙り込むのでした。

いろんな人にお話を聞きに行きながら、たぶん私は、心のどこかでこう思っていたのです。

「そのうち誰かが爆発的なアイディアを出し、会社も設立してくれて、私は努力しなくても自然にカンボジアの映画配達人を回せる収益が出るようになるんじゃないか」と。私は結局誰かに依存しようとしていたのです。

晴れた青空に嘘はつけなかった

私が右往左往するのに合わせて、いちばん困っていたのが「さおりんが会社つくったら、今の会社やめてそっちに行ってもいいよ」と言っていたノブ君でした。

ノブ君は会社から帰り、何度も新しい事業計画書を書き直し。ただでさえ仕事が忙しい中、私のあれやこれやに振り回されるノブ君は、だいぶ疲弊していました。最後にノブ君が、自分は力不足だと悔しがって泣くほど疲弊していました。


2015年9月に、私は久方ぶりにカンボジアに行きました。カンボジアで、これから設立する株式会社でどの事業をやるのか決めようと思っていました。

ノブ君は疲弊していましたし、フライパンもいろいろ決められない私に振り回され、私は毎晩のようにフライパンとノブ君に「どうすんだよ？」と詰め寄られていました。

カンボジアでの映画配達中、私の最悪な精神状況と疲労感は、キャティックメンバーにも派生していきました。

忘れもしない、シェムリアップ州にある小学校での上映会の日。ずっとご支援してくださっていた筑井さんも初めて参加してくださる日でした。なのに私たちはスクリーンを忘れるなどのミスをしたのです。その上、上映時間が間違って伝わっていて子どもたちが学校にいないという状況。14時上映で約束をしていたはずなのに、「先生が、今日10時に映画が来るって言ってた。みんな11時まで待ってたけど、来ないから帰っちゃったよ」

と学校で遊んでいた男の子が言いました。

一部のメンバーがスクリーンを取りに戻り、その間に村に子どもたちを呼びに行くことに。

その間、私は泣きたい気持ちで、「ちょっと一瞬隠れて裏で泣いてくる」とノブ君に言うと、「は？　みんな頑張ってるときにふざけんなよ」と怒られましたが、校舎の裏に行って泣いたのでした。目の前には牛がいました。空は驚くくらい水色の晴れでした。

株式会社にするかどうかについて、本当に多くの方が、親身になって、良い方向に行くようにアドバイスをしてくださった。それぞれが自分の正しさに従ってアドバイスをしてくださって、いろんな方のお話を聞くたびに「その通りだ」と思う中で、私は自分自身の正しさを見つけることができませんでした。

任意団体として立ち上がったのは2012年9月。NPO法人になったのは2014年12月24日。まだ立ち上がったばかりのNPOもきちんとできていないのに、こんな私が、会社との両立なんてできるわけがない。

何よりエリート街道を走っていたノブ君を、自分でも自信のない会社に引っ張り込むわけにはいかないと思いました。

夢AWARDの支援は、辞退か長期保留にしようという結論を、私は青空の下、小学校の校舎裏で出したのでした。

ボレロのリーダーシップ

後日お会いしたとき、亀山アニキは、

「まあ、それでいいんじゃない？　結果はあとからついてくるんじゃないかな」とおっしゃってくださいました。

夢AWARD総合プロデューサーの中川さんにも、「待ってください」「もうすぐできます」と言ったのに力不足でこのようなことになったことをお詫《わ》びし、「長期保留か、難しければ辞退で」とお願いしたところ、「いつまでも待ちますよ」とおっしゃってくださったのでした。

NPO法人G-net代表理事であり、滋賀大学客員准教授でもある秋元祥治先生がご自身のブログに書かれた記事に、「ボランティア組織が、事業型NPOへの成長に立ちはだかる『死の谷』とはなにか、どう乗り越えるのか」があります。

はじめはリーダーの志に共感した人々が集まり、給料が出るわけではないボランティアでの運営をするNPO。その後、活動が拡大していくと、ボランティアだけでは負担感がどんどん重くなっていく。ボランティア活動として参加していたスタッフからは不満が出たり、やめたりという人も出てくる。何よりリーダーたちを中心に、時間的にも、ときには資金的にも持ち出し状態になる。この状態を揶揄《やゆ》して、NPO業界では「明るい社会、暗い家庭」と言われたりするそうです。

秋元先生の記事によると、ここで大きく3つの選択肢があります。

1　事業型への移行を目指す
2　頑張る、とにかく頑張る（苦しい状態）
3　ダウンサイジングしてボランティアで楽しめる範囲にする
番外編　やめる

どの選択肢が正しい正しくないというわけではなく、それはリーダーの「決め」の問題とのこと。3のダウンサイジングは、サービス提供の範囲を狭めたり、期間を区切ったりすることで持続可能にするというもの。細く長く、という意味でこの選択肢も有意義であると書かれていました。一方で苦しいのは2の「頑張る、とにかく頑張る」。ここを経て1の事業型を目指したいと感じる人も少なくないとのこと。

私たちは、2にいました。そこから1に行きたいと考えていました。そこに行くまでには、見えない死の谷が存在しており、サークル運営から組織経営へ転換させるのも、死の谷にある課題でした。運営や意思決定の仕組みも変わっていくのも仕方のないことで、それは「成長痛」のようなものだと書かれていました。

キャティック内部は、夢AWARD受賞以降、「本気で世界を良くしたいなら本気でやらないと」「ボランティアだからこそ本気でやらないと動かない」という意見と、「現在40人いるメンバーが置いてきぼりをくっていると感じるくらいなら、年に1回日本から映画を届けるくらいにダウンサイジングをしたほうがいいのでは」「ボランティアで無理なくできる範囲で」という意見がぶつかり合い、分裂していきました。

「さおりんはどっちを選ぶんだ？　あっちを選ぶなら俺たちはやめる。いつまでもただの仲良しサークルでやっていったらいい」

と改革を求める急進派。今までのようにみんな仲良く、一人ひとりの意見を聞いて、という保守派。どちらの意見がいいか悪いかではありませんでした。一つわかるのは、双方が折り合うのは難しいということでした。

秋元先生の記事によると、こうした課題を乗り越えていけるかどうかの最大のポイントは、「リーダーの決めと覚悟」だと書かれていました。

優柔不断な私は、この時期「選択と決断」という言葉をよく言われました。

私が選んだのは、広げて進めるほうでした。夢ＡＷＡＲＤの支援こそ長期保留とさせていただきましたが、年に1回カンボジアに映画を届けに行くだけの団体になりたいわけじゃない。カンボジア中に、やがては途上国中に映画で夢の種をまきたいのです。なんのために多くの方の時間やお金をいただいてきたのか。メンバーはなんのために頑張ってきたのか。なんのために私は会社を辞めたのか。

何より年に1回カンボジアに映画を届けに行くだけの団体にならいつでもなれるのです。リーダーというのは、結果を出せる人なのです。今出せる結果はつまり、どれだけの子どもたちに映画を届けられたか。

私は急進派につきましたが、それは痛みを伴いました。誰よりも心優しく、何かあるとフォローを入れてくれて、1周年イベントの後には一人ひとりに手紙を書くようなマメな子で、「映画にもあまり興味はないですが、さおりさんがいい人だと思ったから参加しています」と言ってくれていたメンバーと喧嘩をしたことが、活動をしてきた中で、たぶんいちばん悲しいことでした。私はいい人ではありませんでした。子どもに映画を届けるためなら、メンバーとも喧嘩をするし、組織の変化も厭《いと》わないのです。

少し前の私なら、みんなで仲良くやろうと言って、一人ひとりを引き留めていたように思うのです。私は人から嫌われることを恐れていました。

でも今は、関わってくれた人たちと、20年後に笑い合えればいいと思っています。「あんなことがあったね」と20年後に笑い合う頃には、「途上国に映画を届ける」という支援の形が、当たり前になっている頃だと思います。私には関わったことを誇りに思える団体にする責任があり、結果を出さなければいけない立場にいるのです。

組織が成長痛の中におり、あちらこちらで小さな争いが起こり始めた2015年

5月に、ゆーや君からメンバー皆に配信されたメールは今も私の支えです。

〈こんばんは、ゆーやです。

今回の週刊ゆーやです。（もはや月刊ぐらいになっていますが……）

《今週のお題》ボレロのリーダーシップ

モーリス・ラヴェル作曲の『ボレロ』という曲をご存知でしょうか？

世代が同じ方は「TVチャンピオン」という番組のエンディングテーマでお馴染《なじ》みでしたね。

この曲はバレエ演者のイダ・ルビンシュタインから依頼されて作ったものだそうです。大きな特徴は、たった2種類のメロディーが延々繰り返されることです。

ただし、メロディーの周回ごとに、徐々に参加する楽器の数と音量が上がってきて、最後には全員参加の大爆音になってフィナーレを迎えます。

最初から最後まで、スネアドラムは全く同じリズムをひたすら繰り返します。

タン　タタタタン　タタタタン　タンタン　タタタタン　タタタタタタタタ……

この曲は2013年9月のキャティック1周年記念イベントのエンディングでも使っていて、それから大好きになり、気合い入れたい朝はこの曲を聴きながら家を出ています（笑）。

この曲を聴く度に、創始者のリーダーシップを思い浮かべます。ただ一人、本当に小さい音から始まったリズム。

ひたすらそれを叩《たた》き続けているうちに、徐々に徐々に仲間が集まってきて、時には不協和音も入りながら、貫き通した信念が最後に素晴らしいフィナーレを迎える。

実際この曲は、こんなイメージで作られたそうです。

セビリアのとある酒場。一人の踊り子が、舞台で足慣らしをしている。やがて興が乗ってきて、振りが大きくなってくる。最初はそっぽを向いていた客たちも、次第に踊りに目を向け、最後にはいっしょに踊り出す。

この曲自体、フランスでの初演時は、まったく聴衆に受け入れられなかったと言われています。ですがだんだんといろんなオーケストラで扱われるようになり、今に残る人気曲となったのでした。

人も組織も、常に変わらなければなりません。

だけど、ボレロのスネアドラムのリズムのように、繰り返されるメロディーのように、ぶれずに（僕の好きな言い方で言うと「ぶれても折れずに」）、貫き通すべきものを持って突き進んでいくことも大切です。毎日のルーティンのような業務も出てくると思います。時には退屈に、時にはめんどくさくなることもあると思います。でもそれも、すべては確実にメロディーを先に進める一歩です。

楽しみながら頑張っていきましょう。ではでは〜〉

リーダーたちへ

思えば私は、「代表」ではあるけれども「リーダー」ではないのではないかと思うのです。キャティックにはそれぞれのフェーズにふさわしいリーダーがいました。

スタートアップ企業の育成に関わる仕事をしていたコースケ君がリーダーになってキャティックが立ち上がり、次に学生団体の代表をしていたゆーや君がリーダーとなって人が増え、次に大企業の経営企画室で働くノブ君がリーダーになって改革を進めていきました。出会う順番が間違っていたら、今のキャティックはないように思うのです。実際私は何もしておらず、優れたリーダーたちが、キャティックを広げてきてくれたように思います。

そして2015年秋。カンボジアで映画配達人のリーダーになるフライパンこと山下龍彦が、カンボジアに飛び立ちました。

フライパンは、『ハルのふえ』クメール語翻訳をしてくれたソティーブンさんが教壇に立つ、上智大学の3年生。私よりちょうどひと回り年下。背が高くて浅黒く、愛されるバカです。子どもの頃から野球一筋でやってきて、高校の時に挫折。高校も退学し、引きこもっていた彼に火をつけたのが、『ホテル・ルワンダ』という映画でした。映画をきっかけに国際協力に興味を持つようになり、もっと勉強したいと思ったフライパンは、ストイックに勉強して上智大学に合格。教育の勉強をしています。

そんなフライパンが、1周年イベントに来たことをきっかけに、教育と映画に共通点を感じ、キャティックに参加してくれるようになりました。フットワークが軽く、人から好かれるフライパンは、どんどん人脈を広げ、私がカンボジアに行けないときも、最年少ながら映画配達ツアーのリーダーを務めてくれるようになりました。私は「いつか収益を確保できたら、カンボジアに住んで映画配達人を雇って、農村部で映画が観られる環境を定着させたい」と言っていましたが、一向にそんなときは訪れそうにありませんでした。それを見ていたフライパンは、大学を1年休学して、カンボジアに住み、「バッタンバン州、シェムリアップ州、プノンペンの

3カ所を拠点に、映画配達人を生み出す」と宣言したのです。

フライパンの部屋で、どうやって映画配達人を雇っていくかについていろいろ書かれたスケッチブックを見つけたとき、私の想像をとっくに超えていると思いました。私以上に考えている人が現れたと思いました。

「一度野球で挫折してるから、今度は絶対やり遂げる。結果にコミットする」がフライパンの口癖です。

フライパンの駐在の意思を聞いたとき、最初に頭を過《よぎ》ったのは、2012年の冬に、ピーマン君から言われた言葉でした。

「活動中に人が死んだりしたら責任取れるんですか?」

また、フライパンのお母様とこんなやり取りをしました。

「龍彦君がカンボジアに行きますこと、ものすごく心配だと思います。大切な息子さんをまだ未熟な弊団体にお預けくださいますこと、心より感謝申し上げます」

「正直、心配で仕方ありません……。ですが彼の人生ですし、日本が安全ということもありませんし。みんなに愛されて本当に幸せな子だと思います。龍彦を愛していただいている皆さまに本当に感謝です」

お母様のお人柄の素晴らしさを知り、この方を悲しませるようなことが絶対にあってはいけないのだと思いました。


フライパンが大学を休学すると決めたのとほぼ同時期に、平成26年度文化庁新進芸術家海外研修生の鈴木伸和さんから、こんな連絡をいただきました。

「バッタンバン州に昔映写技師をしていた人がいる。今は別の仕事をしているけれど、映画が大好きなので映画を届ける仕事なら喜んでやってくれるのではないか」

鈴木さんは、ソト・クォリカーさんという、新進気鋭のカンボジア人女性監督の仕事関係の方で、元映写技師のお話は、ソト・クォリカー監督から来たお話でした。

鈴木さんは前々から私たちが「映画配達人を生み出したい」と話していたのを知っていて、ソト・クォリカー監督からその話を聞いたときに思い出してくださったのです。

ご縁がつながって、フライパンが最初に向かったのは、バッタンバン州です。

夢の配達人

「どうやって一歩を踏み出したのか」と訊かれることがあります。私の場合、活動を始めたときの一歩を踏み出すのに勇気も決意も不要でした。なぜなら、当時の私には、守りたいものがなかったからです。地位も名誉も、守りたい人もいませんでした。守りたいものがないどころか、辛い現実から逃げ出すように一歩を踏み出したのだと思います。

けれども活動を始めてから、私には守りたいものができました。メンバー、活動そのもの、応援してくださる方たち、「また映画を届けに来るね」という子どもたちとの約束。守りたいものができた私は弱くなりました。一歩を踏み出すたびに、自分は間違っているのではないかと不安になるのです。フライパンを駐在させることに、反対していたメンバーたちもいました。それを押し切ってまで行かせて良かったのだろうかと何度も悩みました。

でも、ある人の話を聞いたとき、間違っていたと悩むのではなく、正解にするまで歩き続ける責任が自分にはあるのだと思いました。

ある人とは、エン・サロンさんです。普段はバッタンバン州でトゥクトゥクドライバーをしているエン・サロンさんは、２０１５年秋から映画配達人として参画してくれました。２０１６年1月現在、バッタンバン州には、サロンさんの他に２人のカンボジア人の映画配達人がいます。元映写技師だったサロンさん61歳。エン・サロンさんの息子で、まだ将来に迷っているロン君22歳。

フライパンは、わずか3カ月の間に、彼らとの関係を築き上げ、バッタンバン州の各村で、定期的に映画上映ができる仕組みを作ったのでした。

エン・サロンさんは、偶然私たちの前を通りかかり、クメール語しか話せない元映写技師サロンさんとの間に立って、通訳になってくれた人でした。フライパンが、「僕たちのミッションは……」と語る言葉を翻訳しているうちに、いつの間にか映画配達人になっていたのです。

エン・サロンさんの半生は壮絶でした。

3歳のときに病気になりましたが内戦で薬が買えず、右の手足にハンディキャップを抱えたまま生きることになりました。大人になってからバイクタクシーの仕事をするも、同業者やお客さんから「あいつは足が悪いからあいつのバイクに乗るのは危ない」と噂《うわさ》になったそうです。

仕方なく、暗くて足のことには気づかれない夜にだけお客さんを探すことにしました。でも夜は銃が出回っていて治安が悪かった。足の不自由な彼は弱いと思われたのか、バイクを盗もうとする泥棒に銃で脅されたことが何度もあったそうです。

知人から「タイに行けば仕事がある」と誘われました。どんな仕事か訊くと、「物乞いだ。足の悪いおまえならピッタリだ」と言われたことも。辛いことが重なり、彼は薬を飲んで自殺を図ったそうです。でも周りの助けで一命を取り留めました。

一度失った命、彼は周りの人たちに感謝をして、光のほうへ一歩踏み出しました。英語を勉強して、トゥクトゥクドライバーになったのです。結婚して子どもも二人できました。

エン・サロンさんは今、副業の映画配達人を気に入っています。彼が上映機材を持って学校にやってきたとき、彼のハンディキャップを気にする子どもはいません。ただこれからいったい何が始まるのかとワクワクドキドキしています。彼は子どもたちに誇らしげに映画の説明をして、手際良く映画上映の準備を終えると、子どもたちの笑い声を聞き、嬉しげに拍手を浴びていました。

インタビューのためにビデオカメラを向けると、エン・サロンさんは恥ずかしそうに、少しだけおどけながら言いました。

「子どもたちに夢を贈る素晴らしいアイディアだと思った。スクリーンに映像が映ると子どもたちが喜ぶんだ。笑って映画を観て、終わると『次はいつ来るの？』と聞きに来る。

この仕事は楽しい。

この仕事をくれて、ありがとう」

ビデオカメラの画面の中で、カンボジア人の夢の配達人が笑っていました。

あとがき

何かを書き終えた瞬間ぶわっと涙が出てくるという体験を初めてしました。2012年夏から今日までのことをまとめてみて、自分がいかに多くの方に支えられてきたかが改めてわかったからです。そしてこの3年半は、私にとって映画のように劇的でした。

本書はノンフィクションですが、ページ数の関係上、多くのことを省いています。本当は、もっと多くの方が関わってくださっています。本書でご紹介できなかったお一人おひとりへの感謝を、「あとがき」の中でサイドストーリーとしてまとめようかとも思いました。メンバー一人ひとりの名前も書いてそれぞれの功績を称《たた》えたいと思いました。が、それをやろうとしたら、あとがきに収まらないどころか、本3冊分になってしまうようでした。そのため、登場されていない大切な方々についいてはまたどこかでご紹介の機会をいただくことにして、本書のあとがきでは、お世話になった皆様の代表となっていただき、1名の方に御礼をお伝えさせてください。

宮沢様

私たちを応援してくださる方たちの中で最年長。活動が始まって間もないときから、Facebookページの投稿に毎回〝いいね！〟をしてくださっていた方。団体として初めて開催した2013年9月1日の1周年記念イベントにお越しくださった際に、初めてお目にかかることができたときはとても嬉《うれ》しかったです。

その後もずっと私たちを応援してくださっていて、私が強引にお願いしました映像の編集もご快諾くださいました。イベントにもほぼ毎回来てくださり、メンバーのことも見守ってくださる宮沢さんの存在に、私は、私たちはどんなに助けられているることでしょう。この方を幻滅させるようなことをしてはいけないと、私たちの良心にもなってくださっている気がします。

ご自身が10年以上支援なさっているカンボジアの小学校と孤児院に、映画配達人となって映画を届け、私たちの活動を広げてくださいました。この場をお借りして、心より御礼申し上げます。

さて、本書を書くにあたり、この3年間を振り返ってみて改めて思うことは、団体は成長したけれど、自分はまったく成長していないということでした。相変わらず英語も話せず、仕事もできず、人に頼り、謝り、迷惑をかけてばかりです。

成長はしていないのですが、私の人生は変わりました。少なくとも自分の中では良い方向に変わったと思っています。その理由は、夢に関するたった三つのことが変わっただけに過ぎないのだと気づきました。

一つ目は、夢の先にあるゴールのビジョンです。

それまで、「映画監督」、「脚本家」という夢を描いていたときにあったゴールのビジョンは、恥ずかしながら、「脚本家大賞を取ってあの舞台で表彰される」「アカデミー賞を取って新聞やテレビに出てすごいと言われる」ということだったように思います。たとえば普通の人が「医者になりたい」と言う時、その先にあるビジョンは「多くの人の命を救うこと」だと思うのですが、私の場合は「白衣を着ているカッコいい自分」までで止まっていたのです。

表彰台もメディアもかっこいい自分も、その光景はあくまで通過点に過ぎません。その先にある、たとえば自分の作品を見たことをきっかけに、誰かの人生が好転し、そういう人が増えたら世界は良くなると、そこまでを思い描くべきでした。

二つ目は、その夢が叶《かな》ったら幸せになるのが、私だけではないということです(と、おこがましくも信じています)。

私はこれまで、国際協力やボランティアにまったく興味はなく、自分の幸せのことだけ考えてきました。夢だって自分の幸せのためだけに存在していたのです。神様がそんな私に罰を下し、誰かのために生きたいと心から思えるようになりました。私の夢が、自分のためではなく誰かのために叶えたい夢になったときから、たくさんの方に応援していただけるようになりました。私の人生は明るく楽しくなり、映画を観ている子どもたちを見るという、私にとって最高に幸せな時間を見つけることができました。誰かのためと言いながら、それは結局自分のためになったのです。

三つ目は、その夢が自分の人生のストーリーやキーワードに合っていたことです。自分のストーリーや価値観に合っていないことは、どこかで限界が来るように思います。たとえば、特技を身につけたくて少し興味のあった薬膳を極めてみようかと、北京の大学の説明会にも行きましたが、どうにも一歩踏み出せず。今思うと、「薬膳」というキーワードが、私の人生のどこにもなかったからかもしれません。

自分のストーリー、自分の中にあるキーワードと合致したなら、無理をしなくても、何かに引っ張られるように一歩を踏み出せるものかもしれません。

今の夢は、幸いなことに自分のストーリーともキーワードとも合致しており、自分を偽ることなく、ありのままの自分でいながら進んでいけるのです。

最後に、失恋が加速させました、夢への道すじ。恋心のほうはとっくの昔にどこかに置いてきましたが、いつかまた恋をする日が来るとしたら、そのときは、World Theater Project の夢を心から応援してくれる人でありますように。

そして、もしもいつか自分の子どもに出会える日が来たときは、毎晩のように抱きしめ伝えるでしょう。子どもというのは、世界から守られるべき宝物であり、そしてあなたは私の宝物だと。

２０１６年２月吉日　教来石小織

教来石小織（きょうらいせき・さおり）
1981年生まれ。World Theater Projectを運営するNPO法人CATiC代表。日本大学芸術学部映画学科卒業。小学生の頃から映画監督を志し、大学では映画制作について学ぶ。2012年よりカンボジア農村部の小学校をまわる移動映画館を実施。届けた作品の中にはやなせたかし氏の遺作『ハルのふえ』も含まれ、生前、やなせ氏本人からの応援メッセージもいただく。2015年2月、日本武道館で開催された「みんなの夢AWARD5」にて優勝。その後、テレビ、新聞、雑誌、ラジオ、オンラインメディアなどに多数取材記事が掲載される。2017年2月現在、団体は延べ120箇所、約3万人に映画を配達。

ゆめの はいたつにん
二〇一六年三月一日　第一刷発行
二〇二〇年二月一日　第四刷発行

著者　教来石小織

発行人　吉満明子
発行所　株式会社センジュ出版
〒一二〇－〇〇三四
東京都足立区千住三－十六
電　話　〇三－六三三七－三九二六
FAX　〇三－六六七七－五六四九
http://senju-pub.com

構成　今富夕起
装画　Ryoojing
装幀　平林亜紀（micro fish）
校正　櫻井健司
協力　稲田知明・大関宏紀

印刷・製本　シナノ書籍印刷株式会社

※本書の売上の一部は、NPO法人CATiCへ活動支援のために寄付されます。

　ISBN978-4-908586-00-2